众筹时代

胡一夫　谭小芳◎著

北京理工大学出版社
BEIJING INSTITUTE OF TECHNOLOGY PRESS

图书在版编目（CIP）数据

众筹时代 / 胡一夫，谭小芳著. —北京：北京理工大学出版社，2015.8
ISBN 978 - 7 - 5682 - 0690 - 7

Ⅰ. ①众…　Ⅱ. ①胡…　②谭…　Ⅲ. ①融资模式 - 研究　Ⅳ. ①F830.45

中国版本图书馆CIP数据核字（2015）第 119393 号

出版发行 / 北京理工大学出版社有限责任公司
社　　址 / 北京市海淀区中关村南大街 5 号
邮　　编 / 100081
电　　话 /（010）68914775（总编室）
（010）82562903（教材售后服务热线）
（010）68948351（其他图书服务热线）
网　　址 / http：//www. bitpress. com. cn
经　　销 / 全国各地新华书店
印　　刷 / 北京泽宇印刷有限公司
开　　本 / 710 毫米 × 1000 毫米　1/16
印　　张 / 14
字　　数 / 135 千字
版　　次 / 2015 年 8 月第 1 版　2015 年 8 月第 1 次印刷
定　　价 / 39. 80 元

责任编辑 / 李慧智
文案编辑 / 李慧智
责任校对 / 孟祥敬
责任印制 / 李志强

序言

在互联网金融浪潮中，国内外的众筹平台遍地开花，各种各样的众筹项目如潮水般涌入众筹平台。国外的众筹获得了蓬勃发展，“Pebble智能手表”项目计划向大众筹集10万美元启动资金，出人意料的是，众筹融资结束之时获得了1020万美元的巨资。国内的众筹也呈现出春意盎然之象，“Cuptime智能水杯”通过众筹模式预售到了135万项目启动资金；“三个爸爸儿童专用空气净化器”项目众筹目标不过是50万元，结果惊喜地获得了1122.6万元；“大可乐3手机”众筹目标金额100万，振奋人心地在25分钟内就获得了1650万元，等等。这些都向我们宣告了一个事实：众筹时代势不可挡地来了。

众筹创新了商业模式，让创业者和创业公司获得了更多的创业机会与无限商机。众筹时代，创业者和创业企业获得了更多的自由，可以张开腾飞的羽翼翱翔于广袤的创业蓝天。

众筹让创业和投资变得有趣、好玩。众筹让商家有了一个新的称谓“发起人”，让消费者有了一个时髦的名字“投资者（或支持者）”。于是，毫不起眼的网友，财大气粗地说“我最近投资了一部电影”“我出钱帮助那英姐姐办了一场演唱会”“我投资了刷刷手环（全球首款智能支付手环）项目”等。他们没有吹捧，他们说的都是事实。众筹模式，让普通群众有机会成为投资“大佬”，有机会分享移动互联网金融带来的甜头。

众筹模式改变了产品的流程。过去企业先生产产品，然后售卖；众筹模式下，企业先卖创意，后生产产品。众筹模式大大缩短了产品研发到上市销售的时间，原来一个新产品的研发到上市需要两三年，而众筹模式运作的产品一年左右就实现了上市。众筹模式，让企业多了一个销售渠道，众筹模式更重视用户的需求，让用户决定企业的生产，无疑降低了企业的投入成本和投资风险。毫不夸张地说，众筹优化了价值链，众筹模式给企业的发展带来了无限利好。

创业者和创业公司采用众筹模式，会获得意想不到的惊喜。众筹融资成功，能够让自己的创意变成产品，能够让自己的项目实现商业价值，能够实现创业的梦想。众筹融资未成功，可以获得低成本的市场检验，避免盲目生产造成产品滞销、库存居高不下等资金风险。

创业公司采用众筹模式，能提高企业在互联网上的曝光率，会让毫无名气的公司在圈内声名鹊起，获得较高的关注度和知名度。

进入了众筹时代，创业者和创业公司，遇到资金困难、大鳄难钓，不用惊慌失措，更不用气馁，快快采用众筹模式，将会让你的困难迎刃而解。创业者和创业公司在融资的路上，也许受到了无数投资机构的拒绝，创业的信心受到了打击，但是只要你的创业信念不倒，就会出现“柳暗花明又一村”的转机。众筹时代，每一位创业者都有可能获得这样的转机。俗话说，上帝在给你关上一扇门的同时，总会给你打开一扇窗户。众筹模式给你打开了一扇融资的窗户，让你有机会从普罗大众那里获得融资，从而启动项目，实现创业的梦想。

众筹模式以“众人拾柴火焰高”的方式让创业者有机会获得更多的创业动力和资金支持。众筹模式，让支持者获得喜欢的产品，获得参与创业的乐趣。众筹模式诠释了一种“独乐不如众乐”的创业观念，从而吸引普罗大众一起参与创业。

众筹时代来了，你有好的创意、想法、设计，快快拿出来与大众分享，检验它的商业价值吧！这样还有可能让你的创意一不留神获得巨大的商业收益。移动互联网时代，只要你有好的创意，奇迹随时都会出现。有钱出钱、有智慧献智慧，大家共同打造众筹的未来，就有机会分享到500亿规模的众筹蛋糕。

众筹时代，你不会玩众筹，还没有参与过众筹活动，就out了。本书是一本通俗易懂、实用有趣的众筹读物，通过大量的图表、简洁的说明文字，图文并茂地向读者展现做好众筹的重要步骤、技巧、关键因素等；通过成功众筹案例展现众筹成功的秘诀。本书在编写过程中，参考了权威的众筹书籍和前沿的众筹见解，谨向这些书籍和见解的作者致以诚挚的感谢。此外，由于编者的水平有限，书中难免存在纰漏，请广大读者不吝指教。

编　者

2014年12月30日

目录

第一章　众筹，掀起互联网金融风暴的金融革命

众筹由普通的捐赠行为，在互联网行业逐渐成长为一种商业模式，为商业、企业带来了财富，为社会创造了价值。众筹的关键字是“资金”，让金融与众筹深度合作，逐渐引发了金融革命，金融业中出现了一种崭新的融资渠道——众筹融资。众筹融资，掀起了互联网众筹金融风暴，推动着金融革命的步伐，为中小企业的发展带来了融资的春天。

第二章　众筹的平台运营模式分析

分析众筹平台的运营模式，需要掌握众筹项目的运作流程、熟悉

众筹平台的四种运作模式、了解众筹的社交因素和众筹平台的盈利来源。分析众筹平台的运营模式，可以寻求到更多商机，进一步拓展盈利空间。

第三章　掌握玩转众筹的技巧，最大限度兑现众筹红利

众筹成功与否，除了与项目本身的创意、设计、产品有关系，还与项目发起者所掌握的众筹技巧息息相关。作为项目的发起者，都想要自己的项目获得众筹成功，想让自己的创意、设计、产品获得举世瞩目的成功，想让自己的创意、设计、产品最大限度地兑现众筹红利。要实现这些目标，发起者掌握玩转众筹的技巧就刻不容缓。

第四章 做好众筹的五大关键要素

众筹融资不是一件容易的事情，但也不是一件不可为的事情。那些成功的众筹项目给了后来者无限的鼓舞，也给大家积累了一些做好众筹的经验。做好众筹有五大关键要素：第一，众筹一定要筹到投资者的心坎上去；第二，不会写项目计划书，就做不好众筹；第三，每次众筹都要让投资者感到物超所值；第四，别希望一次众筹就能让自己吃成个"大胖子"；第五，众筹就是预演和预售，做好做大还得靠后头。发起者掌握这五大关键要素，就能让众筹项目越来越靠近众筹融资成功的大门。

第五章 企业不会玩众筹，就会错失亿万商机

众筹是一种创新的商业模式，众筹能让你的企业收获意想不到的融资、推广等方面的惊喜。众筹将为你的企业带来无限的发展机遇，让你的企业有机会势不可挡地冲进世界知名企业行列，让你有机会成为下一

个耀眼的亿万富翁。毋庸置疑，在互联网众筹浪潮中，不会玩众筹，企业就会错失亿万商机。

第六章　国内众筹行业的领军“人物”

点名时间，在众筹领域中抢先起步，修炼成了中国众筹领域的大哥大。众筹网，凭借其强大的金融出身背景和优质资源，成长为中国极具影响力的众筹平台。尝鲜众筹网，专注于新鲜、健康的农产品，成为中国第一家农业众筹平台。大家投众筹网，凭借其创新能力，成为互联网金融中掀起中国股权众筹风暴的众筹平台。它们当之无愧地成为中国互联网众筹行业的领军“人物”。

第七章　金融有风险，众筹需谨慎

互联网众筹是一种新的金融形态，是一种创新的融资模式，它具有金融的属性，涉及“资金”“法律”等敏感话题，对此众筹专家提醒所有参与众筹活动的人士“金融有风险，众筹需谨慎”。参与众筹活动的人士，请务必了解众筹在中国存在的问题，尤其要熟悉众筹在中国面临的法律风险，并且掌握规避法律风险的措施。虽然，众筹在中国会遇到很多挑战甚至是困难，但是，中国经济迫切需要众筹业务，而且中国的政策法规逐渐开始支持中国众筹模式，让中国的众筹充满了无限机遇。

第八章　众筹的未来在哪里

最近两年众筹得到了蓬勃发展，众筹平台不断涌现出来，众筹形式多种多样。众筹提高了企业的融资效率，促进了经济的健康发展，为创业者撑起了一片蓝天，让许多有梦想的人实现了自己的创业梦想。众筹模式得到了大众关注、国家鼓励，众筹实现了小钱办大事，众筹让人人成为天使投资家。众筹会遇到挑战，但是我们可以确认一点，众筹的未来之路将会越来越开阔。

第一章
众筹，掀起互联网金融风暴的金融革命

众筹由普通的捐赠行为，在互联网行业逐渐成长为一种商业模式，为商业、企业带来了财富，为社会创造了价值。众筹的关键字是“资金”，让金融与众筹深度合作，逐渐引发了金融革命，金融业中出现了一种崭新的融资渠道——众筹融资。众筹融资，掀起了互联网众筹金融风暴，推动着金融革命的步伐，为中小企业的发展带来了融资的春天。

众筹的起源

随着互联网浪潮的不断高涨，互联网中出现了一个令大众兴奋的词语，一个令拥有好商业项目的群体欣喜的词语，一个令拥有创意的群体兴奋的词语，这个词语就是“众筹”。一时众筹网站、众筹平台如雨后春笋般出现，向我们昭示着众筹时代的到来。

众筹模式成为互联网金融的热门话题，越来越多的众筹网站、众筹平台为企业、个人的商业项目提供众筹资金的服务，帮助企业和个人解决项目启动资金问题。很多商业项目，通过众筹模式，获得了启动资金，得以成功运营，创造了价值，创造了财富，实现了盈利。众筹模式支持越来越多的人勇敢地创新、大胆地创业，为商业的发展注入了活力，推动了互联网金融的发展。

众筹正在互联网金融中崛起，但是如果追溯众筹这一概念，我们却发现，众筹的历史比互联网早很多。众筹模式成功运营的项目在百年之前就出现了。众筹起源于国外的crowd-funding一词，可译为“群众筹资或大众筹资”。众筹需要三力合一才能实现，即平台、发起人、支持者这三种力量。只有具备这三种力量，众筹项目才有可能立项，才有可能成功。历史上可考察的最早的众筹项目，是1884年的自由女神像众筹项目。

19世纪的时候，美国收到了法国盟友送来的礼物，一尊“自由女神像”，想把它竖立在金融中心城市纽约的港口。但是，竖立这尊自由女神像，需要制作自由女神像的底座。为了获得自由女神像的底座所需的费用，当时的纽约市长Grover Gleverland先生与众多的官员经过深入的探讨，最后决定采用群众集资的方式解决自由女神像的底座资金问题，使自由女神像得以竖立起来。1884年，纽约市长把此事交给了当时的著名新闻家Joseph Pulitzer。Joseph Pulitzer把自由女神像群众集资的消息发布于报纸，这是当时最流行的、大众最常用的交流工具。Joseph Pulitzer通过*New York Word*发放了自由女神像的群众集资宣传单，并大力鼓励纽约市民为自由女神像的底座捐款，来共建美丽的纽约市。自由女神像众筹项目启动六个月，受到了美国群众的广泛关注和支持，其中12.5万人捐款资助，这些捐款的人包括童叟、商业大亨、普通民众、贫民，他们为了纽约的形象，都愿意奉献自己的一点力量，终于筹集了100 091美元，折算成今天的市值就值220万美元。于是自由女神像得以顺利地竖立于纽约的港口，成了纽约市的标志物。

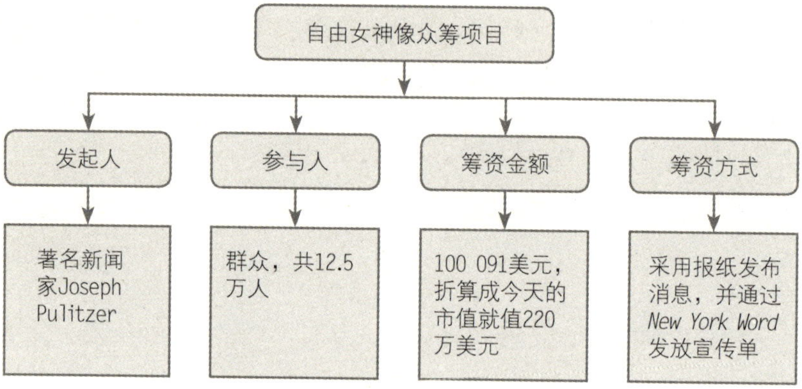

自由女神像众筹项目的运行成功，让人们看到了众人拾柴火焰高的众筹力量。自由女神像众筹项目虽然是历史，但是这种项目运营模式，对互联网浪潮中的商业项目有很高的参考意义。自由女神像的众筹项目成功，激励着美国商业人士积极建设众筹平台，推动了美国众筹的发展。

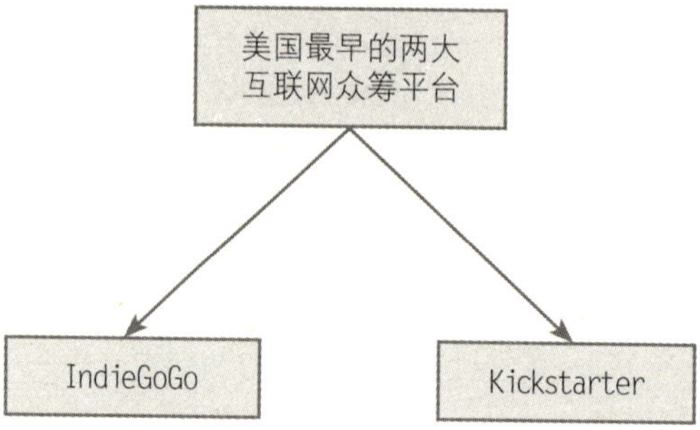

众筹作为商业模式最早起源于美国。美国曾先后出现两大互联网众筹平台，IndieGoGo和Kickstarter。IndieGoGo和Kickstarter这两个众筹网势均力敌，IndieGoGo是美国首个互联网众筹平台，而Kickstarter是美国最大的互联网众筹平台，为单个众筹项目融资达

600万美元。IndieGoGo和Kickstarter在互联网众筹领域都得到了突飞猛进的发展。

Kickstarter的众筹平台运筹模式是这样的：如果众筹项目发起人想开发产品、拍摄电影、出唱片等，就可到Kickstarter网站上发起一个融资项目，并写明原因、目的、金额、时间。用户看到后，觉得该项目有价值或者感兴趣，就可以自由捐款，支持该众筹项目。在没有达到事先设定的融资金额的时候，项目发起人无法获取Kickstarter网上的资金；如果融资结束仍然没有达到事先设定的金额，该项目融资宣告失败，发起人就能无法获得已经众筹到的资金，Kickstarter工作人员会把已经筹到的资金全部返还给资助者。当达到事先设定的融资金额，该融资就成功了，在融资期限结束后，Kickstarter收取固定佣金，其余的金额可由发起人自由支配。

据Kickstarter的2013年年度报告显示，2013年总共获得300万用户集资，众筹融资金额高达4.8亿元。业内人士算了一算，Kickstarter平均每天融资130万美元，平均每分钟融资913美元。这些数据说明Kickstarter成了当下全球最大的、最成功的互联网众筹平台。

众筹商业模式能够高效率地将社会上闲置的资金聚集起来，能盘活大众手中的闲置资金；众筹商业模式能使个人手中的好创意产生商业价值，变成产品。众筹模式成功，就会让大众投资者享受到众筹带来的商业财富、分享众筹红利，还能促进互联网金融业的繁荣，促进经济的健康发展。

国外众筹做得有声有色，引起了国内创业人士的关注，众筹这才开始在中国着陆，并且生根发芽，获得了快速发展。中国的互联网众筹平台迎来了生机蓬勃的春天。

2011年7月点名时间上线，成为中国上线最早的众筹平台；2013年2月众筹网上线，成为中国最有影响力的众筹平台；2013年9月品秀在线上线，成为中国最有价值的众筹平台；2013年10月中国梦网上线，成为中国一个创新型众筹平台……此外，还有百度众筹、淘宝星愿、腾讯乐捐等众筹网谋划上线。

中国的互联网众筹平台遍地开花，日渐成熟，为越来越多的创业人士提供融资服务；支持更多的有价值的商业项目运营，将为中国的经济发展创造越来越多的财富。

众筹颠覆了传统的融资方式，开创了互联网金融的融资模式，促进了金融业的变革。众筹的出现打破了大企业独享金融服务的格局，让普通大众多了一个融资的渠道。可以预测，众筹将是互联网金融浪潮中的弄潮儿，会进一步促使金融资源合理配置，促使金融资源趋于民主化。

众筹融资的特点与意义

众筹融资的新思维在互联网中迅速蔓延并崛起，传统的金融融资模式遭到了强烈的冲击。传统的金融，在互联网金融的浪潮中面临着被颠覆的宿命，并不断受到互联网众筹融资的挑战。互联网众筹融资因其独有的特点和现实意义，一经问世，就受到了大众的宠爱，获得了快速成长，促进了经济繁荣发展。

众筹融资的特点

互联网众筹平台为融资带来了极大优势。相比于传统融资方式，它具有三个显著的特点：众筹融资最基本的特点就是低门槛，最吸引人的特点是风险小，最普遍的特点是规模小、易实现。另外，还有一个实惠的特点就是融资成本低廉甚至零成本。众筹还可以让企业在众筹平台上预知市场需求、获得免费市场推广，能够把好的创意快速变成产品。

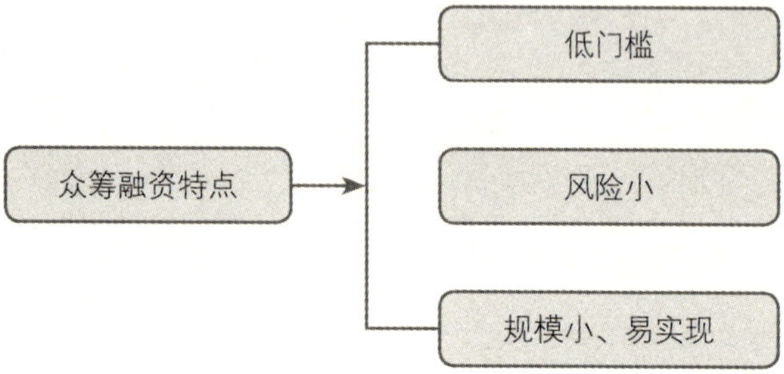

第一，低门槛。众筹融资无论对众筹项目发起人还是对支持者来说都具有低门槛的优点，能够吸引很多有创意、有价值的项目，能够吸引互联网上庞大的用户参与，实现积少成多、众人拾柴火焰高的目标。

百度、阿里巴巴、腾讯这三大互联网巨头不会错过互联网中的任何一场盛宴。互联网金融的创新东风迎面扑来，这三大巨头洞察到了标榜“人人出资，人人参与，人人创造”的众筹正发展为互联网的又一片蓝海，于是积极踏入众筹的战场。这三大巨头的众筹投资门槛低至10元。

京东众筹项目经理金鳞，曾经担任东方证券的银行业资深分析师，他负责众筹融资项目之后，深有感触地说，与传统金融相比较，互联网金融最大的优点就是降低了参与的门槛。

第二，风险小。众筹融资的风险很小，几乎可以达到零风险。通过贷款的方式进行融资，企业或创业者往往需要承担很高的贷款利率，一旦创业失败，就会承担较高的金融风险，可见，贷款融资会让创业者背负沉重的金融风险。于是很多有创意但资金实力弱的人在金融风险面前止步，很多有实用价值的商业项目，因为过高的金融风险夭折。而众筹融资，就不用去为金融风险担忧，能够使创业者专心地做创意、研发产品。业内人士都知道，众筹融资的优势是当你收到启动资金后，只需要按照捐赠的额度为捐赠者设置相应的奖励即可。即使产品上市不畅销，也不用担心成本问题，只需要改进产品，进一步满足消费者需求。根据我国法律，一般大众参与的众筹项目回报方式主要采用实物、服务或者媒体内容。众筹项目的支持者出钱多是购买行为，而不是投资行为，从而决定了众筹融资的风险小。

第三，规模小，易实现。通过观察目前众筹融资成功的项目，我们可以轻松地发现众筹融资的规模比较小，而且比较容易实现。

国内的众筹网，运营了很多规模小的成功众筹项目，“冰岛乐队Bang Gang北京（首演）站”项目是其中的一个。2014年3月，HIT FM（中国国际广播电台旗下的国际流行音乐广播）在众筹网上发起了“冰岛乐队Bang Gang北京（首演）站”众筹项目，该项目的众筹目标金额为9万元，回报是Bang Gang北京首演Live门票（电子票）。项目结束，立即回报支持者。电子门票将会发送到支持者的手机上。该项目在短短的几天内就筹集到了9万元，实现了众筹目标金额。

“冰岛乐队Bang Gang北京站”的众筹融资规模较小，希望众筹到9万元。此项目较小的筹资规模，让大多数支持者看到了成功的希望。于是，感兴趣的支持者积极地出资支持，使该项目在短短的几天内就达到了9万元的众筹金额，实现了众筹融资成功。此项目以较小的规模，实现了众筹成功，并成为2014年众筹网上较有影响力的音乐众筹项目。从此众筹项目不难看出，规模小的项目也可以到众筹平台上融资。小规模的众筹项目，对支持者的出资要求更低，有利于更多的群众参与，更容易实现。

此外，众筹融资的特点还有融资成本低廉甚至零成本、可预知市场需求、可获得免费市场推广，能够把好的创意快速变成产品。

众筹融资的意义

众筹融资受到了中小企业以及怀有创业梦想的人士的青睐，因为众筹融资能够解决他们最现实的问题——资金问题。众筹融资成功运作了很多商业项目，证明了众筹具有现实意义。众筹的意义有三个方面。

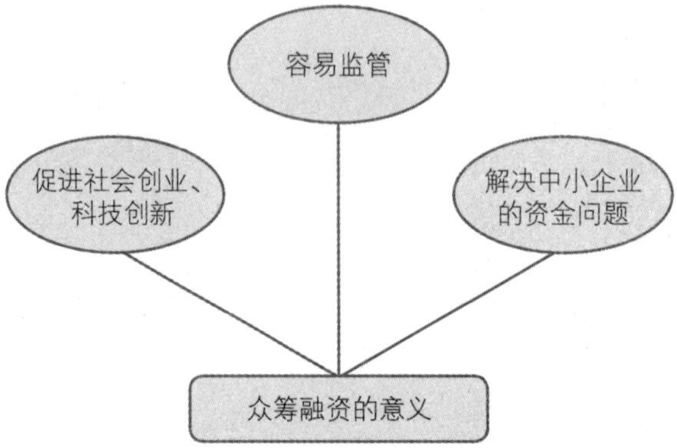

第一方面，众筹融资更容易监管。互联网时代的借贷模式P2P，也是一种互联网融资方式，但是这种融资方式很难监管，并不被广大群众所信任，因为其商业项目并不明确，投资人对此项目并不十分了解，基本上全凭运气，而且资金监管也较难。众筹融资，公示项目，规定了回报的具体内容。众筹项目投资人的投资行为比较理性、现实，基本上能做到量力而行。众筹项目透明、公开，发起者能够自律，平台前期对项目审核，广大群众持续关注，从而易于监管，可杜绝诈骗。

第二方面，能够促进社会创业、科技创新。很多人有创业的想法、有好的创意，但是大多数都面临着资金的困难，连试一试的机会都没有，就得把那些想法、创意封存起来，只能作为精神的慰藉。而众筹融资平台，就为这些想法、创意创造了解决资金问题的机会，让更多的想法、创意得以实现，让很多个体华丽转身为企业家，拥有了创业者的标签。众筹融资的平台是一个创新的孵化器，为市场资金、商业创意牵线搭桥，让创意、技术的种子有了资金这片沃土，从而有机会生根发芽，甚至成长为参天大树，实现其价值，创造出财富。众筹项目一旦启动，就会让抽象的想法变成可以量化的产品；一旦产生一个好产品，就可以创造一个产业，从而推动科技创新，并创造出更多的就业岗位，促进社会就业。

第三方面，众筹融资能够最大限度地解决中小企业的资金问题。中小企业在发展的过程中普遍存在融资难、融资慢的困扰。中小企业融资的金额在几十万到几百万之间。众筹融资的规模小，正好可达到中小企业融资的这个区间。此外，中小企业，由于资金不足，无力花费巨资打广告，产品的宣传力度远远不够。而在众筹融资的平台上，所有的中小企业都可以获得免费的市场宣传，可大幅节约广告营销费用。在众筹平台上，中小企业还有机会实现定制化生产，实现零库存、提高现金流通速度。毫无疑问，这些都能促进中小企业的发展。

在互联网浪潮中，众筹融资成为一种最公平的融资方式，成为企业、个人创业最好的融资方式，使小的有价值的商业项目、创意得以实现。众筹模式成为互联网金融新的阵地，让个人和小微企业通过网络获得了低成本的融资，成为互联网浪潮中融资的草根新模式，拓宽了企业的融资渠道。众筹融资将会成为企业融资的优先渠道，并助力企业创新、个人创业。

众筹说到底就是一种商业模式

众筹的历史悠久，出现已千百年了，但是作为商业模式，却是在互联网中渐渐形成的。众筹模式最初并不是为了盈利，只是为完成某些社会公益事业和活动。随着互联网技术的普及，众筹模式开始走进商业、走进小微企业。最近几年，众筹开始涉足音乐、电影、科技等领域，并取得了良好的经济效益，在社会上掀起追梦、创新和创意的潮流。业内人士通过长期的研究发现，众筹模式为社会创造了价值，已经成长为一种新的商业模式。

商业模式，最显著的特征就是能创造价值。商业模式决定企业的发展前途，决定着企业的盈利能力。简言之，商业模式是企业赚钱的方式。专业地讲，商业模式指构成盈利的服务和产品的整个体系。

在互联网浪潮、移动互联网浪潮的冲击下，传统金融发展滞缓，有的金融机构出现亏损，有的银行甚至倒闭，归根到底是他们的商业模式腐朽了、落后了，阻碍了生产力的发展，不能为企业盈利了，不能为社会创造价值了。金融机构以及所有的企业要想走出无法盈利的困境，只有一个行之有效的办法，那就是打破腐朽的商业模式，创建新的商业模式。加快商业模式的转型，对于所有企业来说迫在眉睫，不转型其腐朽的商业模式必死无疑，积极推进商业模式转型，就会获得无限商机。

创业者、风险投资家嘴上时常挂着的一个词就是“商业模式”，他们深知好的商业模式能让自己稳赚不赔，所以他们很重商业模式。每个企业都有自己的商业模式，即赚钱的方式。例如，网络公司的赚钱方式是凭借点击率，快递公司的赚钱方式是凭借送快递，超市的赚钱方式是凭借平台和仓储等。企业要持续发展，都要有赚钱的方式。总之，任何赚钱的地方，都存在着商业模式。

众筹模式说到底也是一种商业模式，众筹项目的成功运营，需要三个必要条件，一是众筹平台，二是众筹项目的发起人，三是众筹项目的支持者。既然众筹是一种商业模式，就要实现众筹平台、发起人、支持者共赢。只要这三者都能通过众筹模式盈利，那么众筹模式就创造了价值，就名副其实地可称为商业模式。

第一，众筹平台实现了盈利，或者说获得了增值。众筹的浪潮从国外逐渐波及国内，国外的众筹模式早已成长为商业模式了。众所周知，全球最大的两家众筹平台是美国的众筹网Kickstarter和IndieGoGo，他们都收取一定的费用。Kickstarter对成功的众筹项目收取5%的佣金，如果众筹项目不成功，发起人就一分钱也获不到，

Kickstarter就会把筹到的资金全部返还支持者，众筹项目宣布失败。IndieGoGo的收费方式有两种，第一种针对成功的众筹项目，收取4%的佣金，其余的资金发起人可以全部提取用于运营项目；第二种针对未达到预定金额的众筹项目，发起人如果想提取这笔资金，就需要向IndieGoGo支付9%的佣金，当然也可以不提取，宣布众筹项目失败，IndieGoGo就不会收取任何费用，并把全部资金返还资助者。可见，众筹项目成功，可以让众筹平台赚钱，给众筹平台创造商业价值，显而易见众筹就是一种商业模式。

全球最大的众筹网Kickstarter自上线以来，成功运营了很多众筹融资项目，促成很多商业项目，实现了很多科技创新，也为Kickstarter赢得了丰厚的收益。2014年有一个众筹项目“音乐播放器Pono”，在Kickstarter众筹平台上开展众筹融资获得了成功。“音乐播放器Pono”预计融资80万美元，结果出人意料地获得了622.5万美元，让Kickstarter众筹平台获得了巨大的收入，如果按照5%的佣金计算，仅此项目，就可以给它带来超过31万美元的收入。

众筹这种模式给Kickstarter赚到了几十万美元的巨额收入，显然对于Kickstarter来说就是一种商业模式。

而国内的众筹平台发展起步比较晚，大多数则实施免费政策，这并不能说明国内的众筹网站盈利能力欠缺。众筹项目前期可以为众筹网带来流量和用户，众筹网站负责传播项目，可以通过后续产品和服务得以盈利。

第二，发起人赚到了钱，创造了财富。项目发起人可使自己的产品获得免费或低廉资金的市场调查、营销推广，可以把想法变成产品，从而卖产品赚钱。如果众筹项目成功了，发起人可以获得低廉的资金、市场调查、营销推广，还可以把想法变成产品，销售产品盈利。如果众筹项目失败，发起人无法获得资金，但是可以获得免费的市场调研、营销推广，从而设计更加有价值的项目。这个过程中，发起人获得了财富或增值服务。

Kickstarter众筹平台上的“音乐播放器Pono”众筹项目的发起人是加拿大民谣老将尼尔杨，英文名Neil Young。尼尔杨带领自己的团队设计了一款高清音乐播放器，想融资到产品的生产资金，把此设计变成产品。在Kickstarter众筹平台上获得了成功，喜获622.5万美元，从而得以顺利地生产此款音乐播放器，并使此款音乐播放器在众筹网上和业内声名鹊起。尼尔杨和他的团队推广了产品，节省了产品的推广费用，还将获得产品销售的利润。

第三，支持者获得了增值服务或产品，获得了创业的体验、获得了参与感。投资者闲置的资金避免了贬值，投资者闲置的钱被盘活，创造了商业价值。投资者凭借这笔资金，可以获得产品、声誉、优先权等回报。很多支持者，为众筹项目出钱就是因为自己有创业的梦想，通过与众人一起资助项目发起人，有机会成为创业团队中的成员，体验创业的过程，参与产品的研发，获得创业的参与感，这对于资助者来说就是一种商业价值，属于用别的方式无法获得的财富。

通过Kickstarter众筹网，支持者给“音乐播放器Pono”众筹项目贡献资金，可获得该项目给予的回报。“音乐播放器Pono”的项目发起人给支持者提供了丰富的奖励：出资400美元的支持者，可以挑选喜欢的音乐人或者乐队把他们的名字刻在这款音乐播放器上，并可获得该音乐人或乐队的两张专辑；出资5 000美元的支持者可以与尼尔杨共进晚餐，参加他的Pono独家试听会。

众筹模式有巨大的商业价值，需要我们不断去挖掘。众筹通过为发起人提供融资的服务，获得了佣金等收入。众筹模式让发起者在项目没有上线之前就可获得人脉、用户等资源以及免费的推广，项目成功了还会获得启动资金，把想法变成产品，把产品变成现金。众筹模式，让资助者可以获得特殊的名誉、产品或服务等。成功的众筹项目，能够打造众筹平台、发起者、资助者共赢的局面，能够实现商业价值，能够创造财富。显而易见，众筹就是一种商业模式。

众筹玩的就是创意大翻新

众筹能够使想法、梦想、创意兑现。众筹要成功，一定要有好的创意，所以业内人士认为众筹离不开创意，从某种程度上来说，众筹玩的就是创意大翻新。

国内知名的众筹平台众筹网简述自己的平台时是这样说的：在众筹网上，发起你的梦想、创意和创业计划，便可面对公众集资，让有创造力的你获得所需的资金，让有创意的你筹到充足的启动资金，帮助你梦想成真。

众筹网上的众筹项目主要致力于支持和激励有创意、有创造性、有创新性的活动和项目。

众筹平台支持有创意的人，有创意的人可以利用众筹平台玩转创意，把创意玩出商业价值。在众筹的平台上，不光让你痛快地变着花样地玩转创意，还会让你乐不可支地获得一定的经济收益。可以说众筹是拥有创意者的舞台、阵地，否则的话，只能在众筹平台上凑热闹。

当今社会，用户的个性化需求越来越强烈，企业的产品服务需要不断地创新，才能适应用户的需求。那些充满创意的产品和服务无疑能博得用户的喝彩。你有了好的创意，遇到资金不足，不用再绝望，众筹平台可以帮助你牵线搭桥解决资金不足的现状。只要你的创意足够打动用户，你就能获得用户的资助，筹到足够的启动资金，把你的创意变成产品、让你的梦想变成现实，让创意拥有商业价值。

国内知名的众筹网上的众筹项目大致有三大类：一类是创意、艺术类，二是创业、发明类，三是个人梦想、公益类。所有的众筹项目都要有独具匠心的创意，才能打动资助者，从而获得成功。

年轻用户深爱的游戏，是文化创意产业中的重要组成部分，游戏的开发者都知道游戏的精髓是创意，游戏缺乏创意就会遭到用户的鄙视。但是，游戏在开发的过程中，经常会遭遇开发过程与资金投入分离的状况，开发者拥有创意但缺乏资金，投资者缺乏创意思维、只追求商业利润，开发者和投资者无法无缝融合。

互联网众筹时代的到来，给游戏业的发展带来了曙光，游戏面临的资金问题，有了新的解决途径，游戏的融资渠道拓宽了。游戏的开发者拥有了更大的话语权，可以把好的创意运用到游戏的研发中，为用户创造更多惊喜。《三国虎将录》这款游戏，在研发的过程中就采用了众筹模式筹集资金，获得了启动资金。

2014年游戏《三国虎将录》项目在众筹网上发起众筹融资活动，此款游戏有一个创意，就是可以为资助者定制独特的装备，这些装备无法用钱买到。此项目一经推出，受到了很多三国游戏迷的追捧，在整个项目融资的过程中吸引了广大的用户。此游戏项目，在众筹融资结束后，成功获得了启动资金。

游戏的生命在于创意，玩的方法没有创新、没有创意，就会遭到用户的诟病，其商业价值势必就会大打折扣。游戏的开发者为了摆脱被投资者控制游戏的命运，积极采用热门的融资方式众筹融资，希望把游戏的创意发挥出来。在互联网的众筹融资浪潮没有到来的时候，游戏开发者所追求的创意常常因为投资者保守的心态而胎死腹中；游戏产业的行情是资本称霸，中小开发者的发展空间狭小，导致游戏开发领域的创意实现概率极小。游戏的玩家最看重的是游戏的装备和道具，而实际游戏中的装备几乎没有令玩家振奋的创意，因为大多数游戏开发者难以承受资金的压力被迫放弃了当初的创意。

《三国虎将录》将游戏与众筹完美结合，将游戏产品中的道具和装备策略与时下流行的众筹融资模式无缝融合，将玩家在游戏开发前期阶段对游戏上的支持、投资、参与与游戏上市后玩家的实际游戏体验深度交融。《三国虎将录》的创意亮点是为玩家订做私人化的装备。该游戏中的装备都不能直接购买，只能通过玩游戏获得。而此游戏中的这些装备和私人订制的装备却令玩家惊喜地在项目回报的内容中找到了。出资500元的资助者，在游戏上线后可获得一件高级装备和一匹高级马或者五万游戏币；出资1000元的资助者，可定制独一无二的个性武器力战群雄。

正是这些充满创意的装备和道具，打动了三国游戏玩家，得到了他们的全力资助，获得了众筹融资的成功。众筹融资让游戏开发者的创意得以实现，让游戏玩家拥有了期盼已久的装备和道具，获得了极致的游戏体验。

拥有智能发明类创意的人士，也积极采用众筹模式筹集资金，获得了众筹融资的成功，完成了产品的生产，为人们的生活带来了很多便捷。全球知名的众筹平台Kickstarter上就发起了一个智能钱夹的众筹项目，以其超出连接范围自动报警的创意，引爆了网络，深深吸引用户，一举获得众筹融资成功。

2013年5月，华人胡俊锋在全球最大的众筹平台Kickstarter上发起了一个众筹项目，叫智能钱夹SmartWallit，轰动一时，成功筹款7.6万美元。2013年6月，胡俊峰又在我国最大的众筹平台点名时间上发起了智能钱夹SmartWallit众筹项目，也顺利获得10万元众筹融资。2014年，智能钱夹团队开发出了第二代智能钱夹SmartWallit，产品更加小巧玲珑，厚度仅为4.2mm，重量仅有10g。2014年4月，贝宝士防丢卡SmartWallit Pro，在点名时间众筹平台发起众筹融资，成功获得了10万余元。2014年5月，贝宝士防丢卡SmartWallit Pro，在Kickstarter发起众筹融资，成功获得8.5万美元。现在，SmartWallit依靠智能钱夹的创意开始逐渐盈利。

为什么智能钱夹每次筹资都可以获得成功呢？这主要归功于该产品的创意。长期以来，我们出门时都会带上钱包，因为钱包不仅用来放现金，还有身份证、各种卡等重要的东西。对于钱包我们又常常会纠结于两个问题，一个是出门忘记带钱包，另一个是钱包被偷竟然浑然不觉。所以总是会每隔一段时间都用手摸一摸钱包还在不在，这种反反复复的确认行为非常耗费人的精力。而智能钱夹正好能帮助我们解决这个问题。

智能钱夹SmartWallit，就是给钱夹安装一个智能配件蓝牙防丢器（蓝牙4.0），把钱夹和手机联系起来，能够防止钱夹丢失、被偷。蓝牙防丢器，具有普通防丢追踪器的功能，可以精确定位钱夹的地理位置，让用户快速找到钱夹。蓝牙防丢器最引人注目的功能就是，一旦你的钱夹超过了你设置的范围，智能钱夹SmartWallit和你绑定的手机都会发出“滴滴”的报警声，提醒用户，快速找手机或钱夹。

智能钱夹SmartWallit还有一个令人兴奋的创意，就是它可作为用户的智能记账小助手。它的这个创意，是通过三轴加速度计、光线感应器、距离感应器这三个智能硬件来实现的。只要用户打开钱夹，手机的App就会显示“钱夹被打开”的消息，该信息包括具体的地理位置、时间等，便于用户了解自己的日常开支。

正是靠着这一前卫、时尚、富有创意的优势，智能钱夹在众筹网站上百试不爽。其实，无论是《三国虎将录》还是智能钱夹，它们之所以能获得巨大成功，无一不是因为有着绝妙的创意。

众筹的发起人莫不想在众筹的平台上让自己的众筹项目获得成功。既然如此，发起人就要通晓众筹的精髓——众筹玩的就是创意大翻新，发起人就要精心策划自己的众筹项目，竭尽全力地让自己的众筹项目拥有别具匠心的创意、求新立异的创意。用创意打动人、吸引人，用创意为自己的项目拉票，唯有如此，发起人才能让自己的项目众筹成功。

第二章
众筹的平台运营模式分析

分析众筹平台的运营模式，需要掌握众筹项目的运作流程、熟悉众筹平台的四种运作模式、了解众筹的社交因素和众筹平台的盈利来源。分析众筹平台的运营模式，可以寻求到更多商机，进一步拓展盈利空间。

众筹项目的运作流程

众筹融资形成了一股商业热潮，中小企业、个人创业者，莫不想从中分到一杯羹，促进企业的发展、个人创业的成功。中小企业、创业者想乘着互联网众筹的东风，获得一蹴而成，就需要熟悉掌握众筹项目的运作流程。

众筹项目的运作过程中必须有三种角色，即项目发起人（筹资者）、众筹平台（平台运营方）、支持者（投资者）。

众筹项目的三个角色说明	
发起人	发起人又称筹资者。项目发起人要与众筹平台签订协议，明确双方的权利和义务。然后在众筹平台上创建项目，介绍自己的创意、产品或需求，设置筹资的模式、期限、目标筹资金额、预期回报，并对预期回报进行详细说明，设置不同档次的奖励内容
众筹平台	众筹平台，又称平台运营方，负责审核、展示筹资人创建的项目，提供各种支持服务，是发起人的监督者和辅导者，是资助者的利益维护者
资助者	资助者，又称投资者、支持者，是庞大的网络用户。他们在众筹平台上浏览各种众筹项目，选择感兴趣的项目，给予资助，然后等待相应的回报

只有具备了这三个角色，众筹项目才能得以运作。不同种类的众筹项目运作的流程大同小异，这里通过商品众筹项目和股权众筹项目来给大家展示典型的众筹项目运作流程。

首先以我们熟悉的商品众筹项目来展示众筹项目的运作流程（如下图所示）。

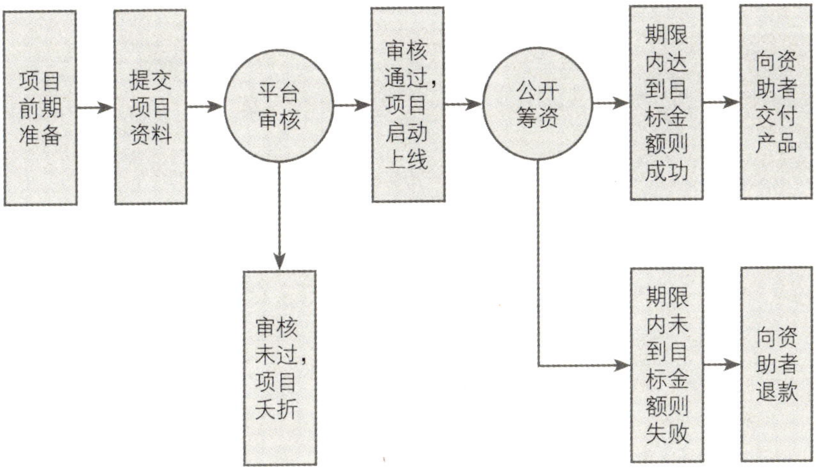

从上图可以看出商品众筹项目的运作流程大致有六步。第一步准备项目资料。发起人需要精心准备项目的相关资料，商品的详细内容、进度安排、回报的内容，有必要说明风险大小。第二步，提交项目资料。发起人把准备妥当的资料发布到众筹平台上，供审核。第三步，众筹平台审核商品众筹项目的资料，并指导发起人补充资料，必要时让发起人提供履历经验证明、产品设计或模型，以便提高项目的成功概率。通过众筹平台审核的商品众筹项目，进入上线准备阶段。发起人此时需要写作宣传的文案、图片美工设计以及拍摄视频短片等，这些做好，就可以正式上线，开始接受资助者的付款。未通过审核的项目，宣布夭折。第四步，公开融资，需要持续地与用户交流、互动，以便推进融资进度。第五步，在规定期限内实现目标金额，该项目融资成功，众筹平台把资金转交发起人，该项目可进入产品生产阶段。在规定期限内未实现目标金额，则该项目融资失败，众筹平台负责把资金返还资助者。第六步，发起人向资助者兑现回报，发放产品。资助者收到承诺的产品，该项目在众筹平台上运营完毕，发起人只需要做一些售后服务、产品升级的后续工作即可。这是商品众筹项目的典型运作流程。

商品众筹成功的项目有很多，而“三个爸爸儿童专用空气净化器”众筹项目取得了非常优秀的成绩，成为经典的商品众筹项目。

三个爸爸儿童专用空气净化器是我国首个千万级众筹项目。该项目资料包括品牌、创意、产品说明。

三个爸爸儿童专用空气净化器有一个很有意义的品牌故事，讲述了三个爸爸戴赛鹰、陈海滨、宋亚南为孩子制造专用净化器的故事。他们担忧雾霾对孩子的伤害，却在市场上找不到满意的空气净化器，于是决定为孩子研发最好的空气净化器，于是三个爸爸儿童专用空气净化器项目应运而生。

该项目别具一格的创意，也造就了其吸金的速度。该项目的创始人戴赛鹰说：“我们是在用爸爸精神为自家孩子造产品，所以绝对是用最好的材料、最先进的技术。”

产品介绍强调性比价。三个爸爸儿童专用空气净化器的一大显著特色就是“大”，比国外的瑞士万元机IQAIR净化器的个头大，滤芯的厚度高达27厘米。三个爸爸的净化效果与IQAIR旗鼓相当，而除醛效果遥遥领先。在操作上更加智能，设计了可远程控制的App，可以随时随地查看家中的PM2.5数值。

三个爸爸儿童专用空气净化器项目回报的内容。回报共分7档，最低为799元，最高49 990元。每一档都可以获得相应的超值的净化器产品。

三个爸爸儿童专用空气净化器项目在京东众筹平台上发起，顺利通过审核，一经启动，吸引了众多的资助者，融资速度惊人。众筹开始半小时吸金50万，未到1小时就超过了100万，不到12小时就冲破200万，上线第29天，突破1 000万。2014年10月22日上午项目结束时，总共筹到了11 226 231元，获得了令人振奋的融资成功。他们并承诺10月底到11月初把产品交付给支持者。

“三个爸爸儿童专用空气净化器”众筹项目创下了29天众筹千万的记录。此项目按照商品众筹的典型运作流程，顺利获得了众筹成功，成了众筹时代的热门话题，也成了商品众筹项目的效仿楷模。

除了中小企业钟爱的商品众筹项目在互联网众筹浪潮中得到了蓬勃发展，股权众筹项目也开始崭露头角。股权众筹项目的运作流程与商品众筹运作流程大同小异，只是准备资料的难度更大，发起人需要写一份完整的商业计划书，还需要拟定出让股的价格、数量。

☆ 发起人需要做商业计划书。商业计划书包括公司的成长经历、管理团队、发展计划、股权结构、产品服务、融资方案、预期收入和盈利等。商业计划书的内容要求是投资人感兴趣的。

☆ 众筹平台为了验证此项目的真实性，要求发起人提交企业营业许可文件、公司财务表等。

股权众筹项目与商品众筹都需要准备项目材料、提交项目材料，只是股权众筹项目的材料需要得更多。股权众筹项目在众筹平台上正式启动上线之后，与商品众筹的运作流程类似。股权众筹项目运作流程如下图所示。

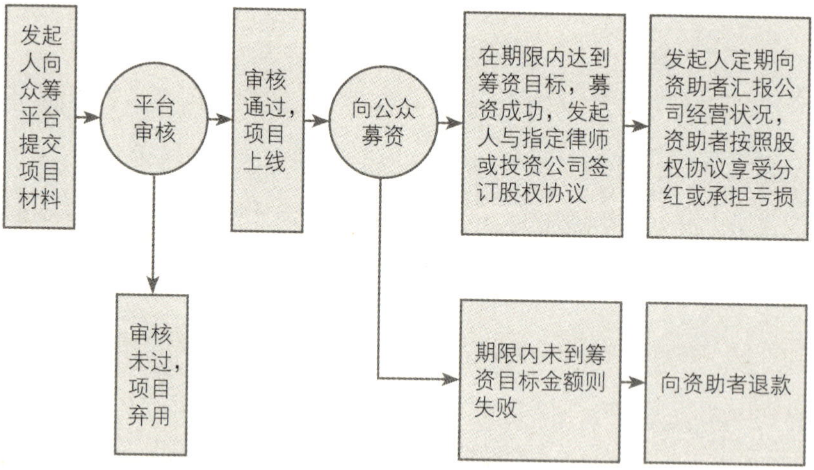

股权众筹与商品众筹相比，投资门槛较高，投资额度多在万元以上，新的股权众筹法出台规定热门项目的投资门槛要求不低于100万元人民币，回报和风险更高；运作流程更复杂，在线上的众筹平台做股权预售，当投资人认领完股权，需要转到线下工商所、律师事务所等机构，完成股权的转让工作，当签订了相关的法律协议，投资人才真正获得股权，股权众筹融资才算完成。

无论是商品众筹还是股权众筹，在运作的过程中，筹资者与投资者都要做一个重要工作，那就是深入地交流项目，通过彼此的交流，能够多角度展示项目，有助于投资者深入了解项目的风险，有助于筹资人获得更多的投资者，从而获得更广泛的宣传效果。

作为项目发起人，掌握这两种众筹项目运作流程，对于自己或企业的发展都是百利无一害的。总之，熟悉众筹项目的运作流程，会让你在众筹的浪潮中运作众筹项目时更加胸有成竹，会让你的众筹项目获得更多的资助者，会让你的项目众筹融资火速成功，从而让你有机会成为众筹时代的成功创业人士。

众筹平台的四种运营模式

你有了好的想法、创意、产品，想把它变成现实，产生商业价值，但却资金不足，这时可以利用众筹运营模式，这种模式可以让你的好想法、创意、产品产生商业价值。要想选择到最佳的众筹平台运营模式，你必须了解众筹平台的运营模式。

众筹平台诞生短短十余年，得到了人们的高度认可，国内外的众筹平台如雨后春笋般出现，在竞争中不断成长，展现出强韧的生命力。业内人士通过众筹的相关资料归纳总结，得出了众筹平台的四种运营模式，即募捐制众筹、奖励制众筹、借贷制众筹、股权制众筹。

众筹平台 的 四种模式	募捐制众筹
	奖励制众筹
	借贷制众筹
	股权制众筹

国际上已有不少对众筹平台的研究，参照Massolution的一份报告，众筹平台可以分为四类：

☆ 债权众筹（Lending-based crowd-funding）：投资者对项目或公司进行投资，获得其一定比例的债权，未来获取利息收益并收回本金（我给你钱你之后还我本金和利息）

☆ 股权众筹（Equity-based crowd-funding）：投资者对项目或公司进行投资，获得其一定比例的股权（我给你钱你给我公司股份）

☆ 回报众筹（Reward-based crowd-funding）：投资者对项目或公司进行投资，获得产品或服务（我给你钱你给我产品或服务）

☆ 捐赠众筹（Donate-based crowd-funding）：投资者对项目或公司进行无偿捐赠（我给你钱你什么都不用给我）

1.募捐制众筹

捐款的行为很早就存在了，早期的众筹也带有募捐制众筹的色彩。募捐制众筹平台在互联网众筹的浪潮中得到了生机勃勃的发展，非营利组织往往通过募捐制众筹平台获取捐款来帮助需要帮助的人们。募捐的众筹项目越来越普遍，但是纯粹的募捐制众筹平台却屈指可数。募捐项目在不同的众筹平台上都得到了迅速发展。

国内的红十字会这类非政府组织的在线捐款平台，可以视为募捐制众筹的雏形：有资金需求的本人或他人帮助提出申请，非政府组织负责核实，情况属实，非政府组织就会在网上发起项目，面向公众募集捐款。2013年雅安地震后，国内的众筹平台众筹网发起了募捐倡议“一方有难，八方援助”，呼吁广大群众捐款力挺雅安，很快获得了百万捐款，此款项用于紧急救灾和灾后重建。

国外也没有纯粹的募捐制众筹平台，但是募捐众筹项目却很火热。2013年波士顿发生爆炸事件导致很多人身体残疾、失去工作能力，借由此事件有人在GiveForward、GoFundMe、IndieGoGo这些众筹平台上发起了募捐众筹项目，呼吁公众捐款，帮助受害者渡过难关，获得了成功。

捐赠制众筹平台有三种运营方式：

一、用户个人发起公众募捐	根据《公益事业捐赠法》个人向公众募捐“不合法”。由于“不合法”与“合法”的中间存在“不违法”的法律灰色地带，个人在法律灰色地带，向公众募集捐款，就可以“不违法”。例如，腾讯公益中有一个项目，就是用户个人替有资金需求的人，在自己的朋友圈发起募捐
二、募捐众筹平台根据《基金会管理条例》设立公募资金会	募捐众筹平台，代替有资金需求的一方，向公众发起募捐。公募资金会申请门槛很高，获批难度大
三、微公益模式	由有公募资格的NGO（非政府组织）发起、证实、认领，并在捐赠平台上募集捐款，NGO执行。捐赠平台起了纯平台的作用。如腾讯公益下的“乐捐”

2.奖励制众筹

奖励制众筹项目受资助者青睐，获得了迅猛发展。奖励制众筹平台也因此得到了迅速成长，全球最大的奖励制众筹平台的代表为IndieGoGo和Kickstarter。Kickstarter众筹平台运作了很多奖励制众筹项目，其中奖励制众筹项目Pebble智能手表融资到千万美元，创下了众筹融资之最。

有人认为奖励制众筹运营模式等于团购预购，这种认识并不全面。团购预购是奖励制众筹的内容之一，但不是全部内容。奖励制众筹平台的运营模式与团购网站很相似，同时也存在差异。

<table>
<tr><th></th><th>相同点</th><th>不同点</th></tr>
<tr><td>奖励制众筹平台运营模式</td><td rowspan="2">1.都通过在网络上发布“活动（或项目）”来吸引大众参与者的支持。
2.明确规定所需的支持者人数（或金额）下限和截止期限。
3.在规定期限内达到或超过预设的目标人数（或金额）下限，活动（或项目）方可生效；否则，资金将被返还给项目的支持者</td><td>1.多了一重期货性质，就像团购加预定，支持者（买家）不能支付后立即获得发起者（卖家）提供的回报（商品），需要延后一段时间才能获得回报。
2.消费者的消费资金大幅前移，可提高产品的生产、销售的效率，可获得目前无法在市场上购买到的新产品。
3.可获得真实有效的试产反馈，最大限度地满足消费者的个性化需求，降低产品的风险和资源浪费</td></tr>
<tr><td>团购网站</td><td>支付完成，卖家就安排发货，卖家在一周内就可收货</td></tr>
</table>

奖励制众筹，强调的是“众”，对于发起人来说，在产品的研发、生产、销售等环节中都能达到“众人拾柴火焰高”的效果，对

于支持者来说，可以获得超值的商品或荣誉感，并能激发支持者的兴趣和资助行动。为此，奖励制众筹的项目异常火爆，成功概率也很高。在国内奖励制众筹运营模式占主导地位，并获得了日新月异的发展。

3.借贷制众筹

借贷制众筹，最早在美国和其他地区发展。Somelend是美国的一家借贷型众筹公司，在发展的过程中引起了人们的注意。然而，此公司由于违反了俄亥俄州《新兴小公司安全法》而受到审查。而另外两家借贷型众筹公司LendingClub和Prosper则可喜地得到了发展。

LendingClub始建于2007年，截止到2013年12月，累计借出的金额超过了30亿美元，其中2.7万美元已经在分红中得到了归还。

而Prosper获得了美国第一家P2P借贷平台的称号，它始建于2006年，主要撮合一些有闲钱的人和一些急于用钱的人。发起人如果需要贷款，可在此借贷平台上写明期望数额和可承受的最大利率。潜在投资者（贷方）则为数额和利率展开竞价。卖家（贷方）可以获得比银行更高的利息收入，买家（发起人）可快速获得贷款，还有可能获得较低的还款利率。这种交易能使借贷双方实现双赢。它给借方和贷方提供了更大的交流空间，借方和贷方在这个平台上有权利协商贷款利息。到了2010年，它改变了经营的方式，所有贷款利率都由借贷网站自动设置。Prosper为贷款者提供的金额最低是2 000

美元，最高35 000美元，贷款利率最低6.73%，最高35.36%，并在此中间波动。贷款利率的可浮动得到了很多投资者的认可。Prosper表示，在他们的借贷平台上，已经有200万成员得到了相应的回报，回报总金额实现了7.4亿美元。

借贷制众筹平台运营模式简单易操作，成功概率也很高。以Prosper借贷制众筹平台为例，发起者（买方）到借贷制众筹平台在线网站上填写一个表格，并提交，然后等待审判。如果批准了，就可得到挂牌认可，便可启动融资程序，期限为14天。借贷成功，Prosper借贷制众筹平台抽取相应的利润，利润率区间为0.5%～4.95%。其余的发起人可以全部提取。当投资者获得相应的利息，此借贷交易完成。

随着认证程序与互联网金融技术的发展，借贷制众筹平台如雨后春笋般出现，成了互联网金融中的一股新生力量，推动着金融业的变革。

4.股权制众筹

股权制众筹受法律的约束发展比较缓慢，自从很多国家和地区陆续出台了股权制众筹相关法律和政策，众筹才迅速升温，成为互联网金融的焦点。国外知名的股权制众筹平台的代表为FundersClub，在2012年美国JOBS法案出台后，FundersClub为代表的股权众筹平台获得了巨大的发展空间。

在我国，股权众筹法《私募股权众筹融资管理办法（试行）》（此法2014年12月18日出台）未出现之前，因受到法律法规的限制，股权制众筹在我国发展并不轻松，发展方式并不明确。股权制众筹往往以天使式、会籍式、凭证式的形式存在。天使式有明确的财务回报要求；会籍式投资者会成为被投资企业的股东；凭证式众筹一般都是通过熟人介绍加入众筹项目，投资者不成为股东。国内类似于股权制众筹的众筹平台有大家投众筹网平台，通过规避法律监管的风险，来小心翼翼地进行股权融资，获得了不错的发展。

股权制众筹，在国外已经出台了相关法律，并获得了快速发展；在股权众筹法未出台前，国内股权制众筹已经跃跃欲试，期待股权众筹相关法律出台；股权众筹法虽然已经出台，但由于出台时间不长，正处在变革中，一旦股权众筹法落实，股权制众筹就会破土而出，迅猛发展。由于投资者不满足于单纯的实物回报，偏好现金回报，未来众筹事业的舞台可能将属于股权制众筹。

总的来说，这四种众筹平台运营模式都得到了不错的发展。募捐制众筹发展最早，广泛运用在公益事业中；奖励制众筹得到了突飞猛进的发展，奖励制众筹平台遍地开花，运营的众筹项目数量多、成活率高；借贷制众筹深深吸引投资方的兴趣，能使借贷双方实现双赢；股权制众筹成长环境尚未成熟，发展比较迟缓。可以预期，随着众筹模式的不断成熟，众筹将会成为经济发展的巨大动力。

众筹也需玩社交

众筹模式虽然诞生得很早，但它正式发展起来却是在互联网大肆盛行之后。互联网由门户时代逐渐走向了社交时代。互联网浪潮、移动互联网浪潮的显著特点就是社交，用户的互动越来越活跃，用户的网络参与热情越来越高，使互联网众筹拥有了成长的肥沃土壤，即活跃的、庞大的网络用户，让众筹在互联网浪潮中一触网，就激起了千层浪。互联网的社交让众筹项目得到迅速的推广，得以吸引庞大的资助者，获得更高的成功率。可见，众筹项目的成功概率与网络社交元素息息相关。

纵观国内外的知名众筹平台、成功的众筹项目，他们绝大部分借助了互联网社交元素，可结合线下人际关系使众筹项目信息得以迅速推广、广泛传播。一个新颖的项目，利用恰当的宣传工具，就会在很短的时间内吸引许多用户的关注与点击，迅速成为社交网络的热点。就像线下的饭馆一样，哪个饭馆人多，人们就去哪个饭馆消费。在互联网上也一样，甚至有过之而无不及。哪个信息关注者多、点击率高，用户就看哪条信息。众筹融资也是如此，哪个项目的支持者多，用户就会投资哪个，哪个项目融资的速度快，支持者的支付速度就快。众筹项目利用社交网络元素，就可在短时间内获得巨大的资金，就可实现短时间内完成众筹目标金额。在国外，知名的Kickstarter众筹平台上，Pebble E-Paper智能腕表众筹项目两天内就募集到了1000余万美元；在国内，京东众筹平台上，三个爸爸儿童净化器众筹项目，不到一小时募集资金就冲破了100万元大关，创下了国内众筹项目融资速度之最。

社交网络元素，加快了众筹项目信息的传播速度，提高了众筹的融资速度和成功率。社交网络元素，还促进了众筹的交易速度，能刺激观望的、潜在的用户，加入“跟风投资”的行列，实现“跟风投资”。“跟风投资”的具体表现就是一个众筹项目在短时间内筹款额增长很快，就会立即吸引大量用户跟风投资。国外的一家众筹平台对此进行了研究，这家众筹平台就是英国的股权众筹网站Seedrs，它通过一个数据统计，发现社交网络元素能够带动“跟风投资”，使众筹项目有机会在短时间内就能积累巨大资金或实现筹资目标。

Seedrs统计的数据如下：

2012年7月成立以来，Seedrs众筹平台已经吸引了17 000余名投资者参与众筹项目投资。这些投资者一种是独立投资人，另一种是社交投资者。独立投资者想通过Seedrs众筹平台寻找到投资潜力巨大的创业公司。社交投资者，他们的投资规模很小，但是他们的作用绝对不可忽视。社交投资者来到Seedrs众筹平台，是为了支持从家人、朋友或外部网络的某个人那里获知的某个众筹项目。

创业公司在Seedrs众筹平台上寻求资金，独立投资者能够先知先觉地洞察到创业公司的潜力，社交投资者则相对迟缓。独立投资者一旦赞同某个创业者的项目或者商业模式，就可能会给素未谋面的创业公司提供资金，加入该创业团队。创业公司的众筹项目要获得社交投资者的青睐，则需要借助社交网络做大量的推广工作。创业者需要利用各种线上线下的社交工具，如媒体、Twitter（推特）、Facebook（脸书），花费大量的时间在社交网络中与社交投资者交流、互动，从而说服社交投资者为自己的众筹项目投资。（这部分属于创业者主动利用自身的熟人网络或者其他渠道扩散消息而获得的投资者，创业者需要付出额外的努力或者关系才能获得这部分人的投资。）

对于广大众筹平台来说众筹项目想要成功，需要得到这两类投资人的同时参与投资。独立投资人如果看到众筹项目筹资势头火爆，有完成的希望，才会考虑出手。创造火爆势头的主要是社交投资者支付的首批资金。

可见，社交投资者虽然出资的额度不大，但是直接影响着众筹项目的筹资速度、成功概率。Seedrs众筹平台还研究发现，众筹项目初始投资额与项目成功的概率有内在的关系。Seedrs研究了大量项目得到一个结论，社交投资者积极地投资项目，出资快速达到35%的目标金额，项目的成功概率就可达到100%，项目发起人就能静候众筹成功的佳音。希望在众筹平台上筹资成功的创业公司或创业者，就要充分利用社交网络，使出浑身解数来吸引社交投资者积极地投资、毫不犹豫地出资，让他们快速奉献出35%的目标金额，自己的项目就铁定能众筹成功。

善于利用社交元素，有助于你获得众筹成功。杨坤演唱会采用众筹模式并在24小时内众筹到了100万元，成为众筹网上的经典案例。杨坤“今夜20岁”2014北京演唱会项目在众筹的过程中，就巧妙地利用了众筹的社交因素。该项目的发起方天浩盛元文化传播有限公司利用杨坤多年歌坛生涯积累的粉丝和自己在圈内的社交资源，在社交网络上大力推广此消息，使此消息迅速地传播开来，吸引了很多圈内的好友、杨坤的粉丝率先投资，使投资金额蹭蹭上蹿，从而吸引来一批“跟风投资”者。“今夜20岁”项目在融资的过程中以惊人的融资速度实现了百万巨额资金，刷新了演唱会众筹项目的记录。

杨坤“今夜20岁”2014北京演唱会，主办方是天浩盛元文化传播有限公司，为了让该演唱会取得更大的商业价值，主办方在演唱会前夕，在众筹网上发起了“今夜20岁”的项目。众筹目标金额100万元，并设置了丰厚的回报。在众筹的过程中，主办方和杨坤在自己的微博、微信等社交媒体上大力宣传，吸引来许多杨坤的粉丝、音乐爱好者、潜在投资者的关注。尤其是杨坤的铁杆粉丝们，不仅持续地关注此消息，还在他们自己的社交网络中宣传，吸引来许多网络用户，把此项目推进了社交网络的排行榜中。在项目正式启动后，杨坤的粉丝毫不犹豫一马当先地出资投票，使该项目的融资金额快速增长，获得了融资开门红，进而吸引了一批“跟风投资者”，从而创造了24小时进账100万元的商业奇迹。

杨坤“今夜20岁”项目，利用微博、微信等社交网络，前期预热，把此信息迅速传播开来，为后期的融资速度打下了基础。项目正式启动，杨坤的铁杆粉丝争先恐后地出资，创造了强劲的融资势头，让那些潜在的投资者感到“手慢就无”，从而快速出资，促成了“跟风投资”。融资额度的不断增加，证明了杨坤演唱会的价值，吸引来越来越多的投资者，其中可喜地出现了出资万元、10万元的投资者。在杨坤粉丝、跟风投资者、潜在投资者的鼎力相助下，该项目在短短的24小时内就实现了100万元的融资额度，并成为迄今为止，筹资速度最快、筹资金额规模最大的演唱会众筹项目。该项目取得的众筹成绩，其中就有“跟风投资”资助者的贡献。总之，众筹项目在启动的早期阶段能够获得比较多的资助者成功投资，就能创造“跟风投资”，让项目的融资过程出现厚积薄发的可喜局面，在短时间内获得巨额筹款或实现众筹目标。

可见，众筹中的社交因素，直接影响着众筹项目的成功与否。

众筹平台、项目发起人都不能忽视社交网络的影响力。从某种程度上说，哪家众筹平台善于利用社交网络的力量，就会在众筹时代分到更大的蛋糕；哪家项目发起人在众筹的前期、启动中善于利用社交网络，就会及早地吸引到众多的社交投资者，就有可能让自己的创意变成产品，从而实现自己的创业梦想。

社交因素影响着众筹项目的支持者数量，影响着众筹产品的改进和优化，进而影响着产品的商业价值和未来的市场。社交因素不仅决定着众筹融资的金额，更决定众筹的生命力。众筹中融入越多的社交因素，众筹的生命力就越旺盛，众筹事业就能长成参天大树。

众筹的“淘汰”机制以及信息反馈

随着互联网众筹的发展，企业、个人的融资渠道拓宽了，融资程序简化了、融资更加透明、更加民主。众筹被创业人士誉为“低门槛创业神器”。吸引有创业梦想的人如潮水般涌入众筹平台，发起众筹项目。与此同时，众筹平台上的项目鱼龙混杂，投资者筛选优质项目需要耗费巨大的时间成本，降低了众筹项目的成功概率。

那些令人眼花缭乱的众筹项目，有的是发起人一时心血来潮的幻想、有的没有商业价值、有的盲目跟风，等等，这些项目让那些真正有价值的项目淹没在众筹的浪潮中，不能被投资者发现。为了提高有价值众筹项目的成功概率，众筹平台采取了一些有效措施，这些措施主要包括众筹的淘汰机制和众筹的信息反馈。

众筹的淘汰机制

众筹平台要成长壮大、要盈利，就必须吸引越来越多的优秀众筹项目，就必须想办法提高众筹项目的成功率。为此，众筹平台必须完成一个迫在眉睫的任务，即对海量的众筹项目做去粗取精的工作。这也就是专业人士所说的众筹的淘汰机制。众筹的淘汰机制通过两个步骤来实现：第一步，众筹平台运营方筛选；第二步，众筹平台执行淘汰的过程。

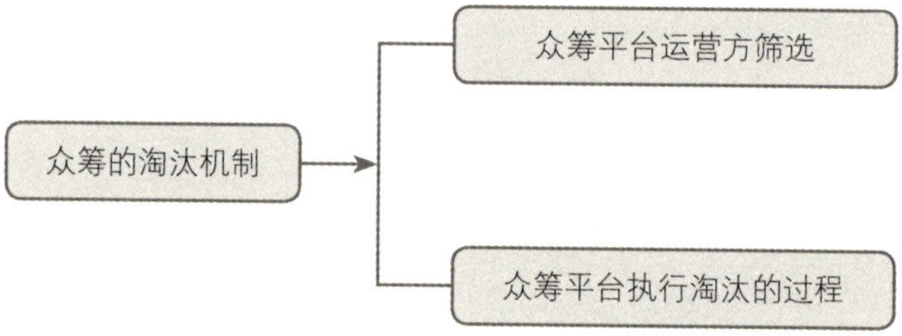

第一步，众筹平台运营方筛选。众筹平台运营方要对海量的众筹项目进行筛选，才能把优秀的项目展现给投资者，于是众筹平台运营方设置了一系列的准入规则。项目发起人必须提交平台运营方要求的一系列文件，必须符合平台的基本规定，才允许在平台上提出申请。众筹运营方严格审查发起人递交的申请，重点考察项目的商业性、现实性、合理性，对于考察通过的项目允许其上线，反之拒绝。其中商品类众筹项目，发起人还需要提供商品的原型。在筛选的过程中，那些不现实的、没有商业价值的、不合规定的大量项目就被分离出去了。

国内外的很多众筹平台都很重视对提交项目的筛选，一方面可以减少虚假项目鱼目混珠，另一方面可以提高自身平台的品牌形象。国内的众筹平台众筹网，通过初审、复审两个环节对已经提交的项目进行筛选。

国内的众筹平台众筹网严格审核提交了的项目。众筹网初审的时候，通过平台的相关规定，过滤掉一部分项目，再通过查证文字、图片、视频找出问题，过滤掉一部分项目。初审大约需要一天，在初审的环节，大量的项目就被过滤掉了，筛选出来的众筹项目需要接受接下来的复审考验。复审由专业的运营团队来操作，主要考察筹资人的个人信息真实性、项目的可行性、回报交付风险等，大约需要三天完成。复审会过滤掉一批风险过高、不可行、筹资人个人信息虚假的项目，而筛选出来的项目就可以准备启动上线的资料，择日启动上线。

第二步，众筹平台执行淘汰的过程。那些启动上线的众筹项目，并非万事大吉，还需要继续接受考验。众筹平台运营方为这些上线的众筹项目进行了筹资时间限制和筹资金额限制，只有在规定的时间内能筹集到众筹目标金额，才能稳坐在众筹平台上。反之就会被淘汰。目前，大多数众筹平台都对众筹项目规定了筹资时限，一般筹资时限在一个月到三个月之间，商品众筹项目的时限略短于股权众筹项目的筹资时间。在规定的时间内达不到众筹目标金额，项目筹资结束，众筹项目宣布筹资失败，众筹项目就被平台运营方淘汰出局（在众筹平台上消失）。

在规定的时间内达到众筹目标金额，留在众筹平台上的众筹项目，就可以晋升入成功众筹项目的行列之中，安享众筹融资带来的喜悦和真金白银。

众筹的信息反馈

除了平台运营方规定的硬性程序和重要指标影响着项目的淘汰和筛选外，资助者与筹资者之间、资助者与资助者之间的信息反馈也影响着项目的筛选。

基于互联网而存在的众筹，无限度地拉大了资助者与筹资者之间的距离，这二者之间几乎没有任何实质性的接触，资助者几乎很难考查筹资者的信用。互联网众筹提高了信息交换的数量、频率、密度，也带来了一些客观的负面作用，让虚假信息的制造成本降低了，虚假信息更加泛滥，增大了识别虚假信息的难度。针对此现象，众筹机制重视项目的信息反馈，为资助者创建更多的了解筹资者的渠道。众筹机制侧重于筹资者与资助者直接交流、互动、接触，而大多数众筹平台青睐网络社区的运作方式，为专业人士参与项目创新、点评项目创造条件；那些熟悉筹资方的用户也可以评价筹资方的信用、技术；平台运营方也可以在社区从专业的角度筛选有价值的项目，推荐优秀项目；那些对筹资者信用、技术不了解的用户，只要对项目感兴趣，就可以在项目的页面直接留言咨询，筹资人的回复会加深彼此的了解。这些都影响着项目的筛选过程。

从互联网众筹项目的发展可以看出，大多数众筹项目的筹资活动都是在线上完成，资助者可以在众筹网站的页面上一目了然地看到项目的筹资时限和已经筹到的金额。资助者对这些信息收集、整理、分析，可以了解筹资人的信用、技术，从而降低自己的投资风险。当然，筹资人也可以通过平台上反馈的信息，找到有潜力的投资者，主动邀请他们为自己投资，无疑可以降低被筛选出局的概率。

众筹平台采用网络社区化的运作，产生了大量的社交化的信息，众筹的平台运营方和资助者通过手机整理、分析这些反馈信息，就可以比较准确地了解到筹资者的信用和技术。研究者发现，筹资者的信誉与其以往项目的执行情况存在内在的联系。成功的项目可以增加筹资者的信誉，提高其下一次众筹项目的成功率；以往项目的失败或虚假，会造成其永远无法发起众筹项目。

通常高质量的众筹项目越多，寻找项目的投资者就越聚集，平台的知名度就会越高；平台的知名度越高，投资者越聚集，优质的众筹项目就会如潮水般涌来。这也是众筹平台采用“淘汰”机制和信息反馈制度的根本原因。

众筹平台给广大创业者的融资带来了巨大的便捷，简化了传统融资烦冗复杂的融资程序，使人们不用再绞尽脑汁地与银行和投资方周旋。但是，发起人要想众筹融资成功，必须要发动众人的力量，发挥自己的社交能力，利用一切社交网络资源，才能吸引到众多的投资者，才能提高自己众筹项目的成活率。越来越多的众筹平台义务筛选优质众筹项目、淘汰差项目，并提供宣传、营销等增值服务，在各个社交网络中推广项目，邀请专家点评项目，为投资者提供丰富的反馈信息，引导其为项目投资。众筹平台的“淘汰”机制和信息反馈，目的就是让有价值的众筹项目在茫茫的众筹之海中迅速脱颖而出，并获得快速成功。

众筹平台的开放机制，让所有的人都可以发起众筹项目，为了对投资者负责，为了提高众筹平台的信誉，众筹平台采取“淘汰”机制和信息反馈两大措施，来剔除那些图谋不轨的项目发起人，来过滤掉那些滥竽充数的众筹项目，让有创意、有价值的众筹项目获得前所未有的展示机会，助力优秀的创业者或创业公司马上成功。

众筹平台的盈利来源

众筹平台生存需要一定运作资金。众筹平台要持续发展就必须要有自己的商业模式，必须要有自己的盈利方式，才能赚到钱，才能获取运作的资金。众筹最早在在国外兴起，纵观国外的众筹平台，他们的盈利来源主要有三个：佣金、增值服务费、流量导入。

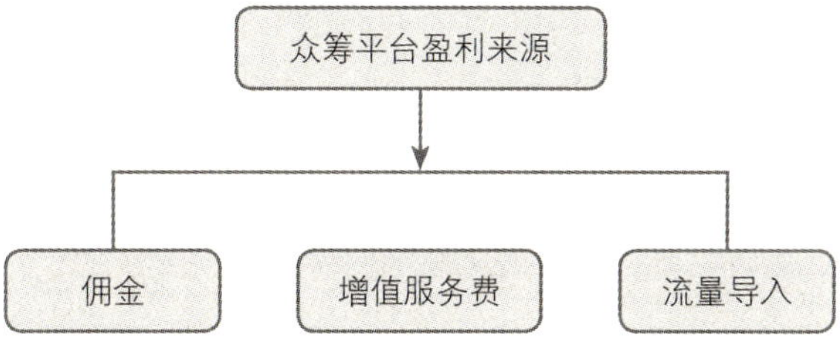

众筹平台的第一个盈利来源是佣金。佣金是众筹平台最基本的盈利来源。早期的众筹平台主要靠收取佣金来运作。众筹平台对资助者实行免费，向众筹成功的筹资者收取一定比例的佣金。众筹平台收取佣金，以最终众筹到的总金额为基数，按照规定的比例收取佣金。全球最大的众筹平台Kickstarter和IndieGoGo目前主要的盈利来源就是佣金。

众筹平台Kickstarter是按照所筹集到的金额的5%的比例收取佣金。桌面3D打印机The Micro是Kickstarter众筹平台上运作的成功的众筹项目，众筹目标金额为5万美元，最终筹集金额为340万美元。业内人士预计Kickstarter可以从此项目中获得14万美元的佣金。

而众筹平台IndieGoGo对于成功的众筹项目收取4%的佣金，对于不成功的众筹项目收取高达9%的佣金。在规定的时限内未达到众筹目标金额的众筹项目，IndieGoGo允许项目发起人提取众筹资金，但是需要交9%的佣金，当然项目发起人也可以选择不提取众筹资金。

佣金是国外众筹平台主要的盈利来源，被大部分众筹平台所采用，国外的众筹平台都收取佣金。众筹在中国起步较晚，国内的众筹平台虽然如雨后春笋般出现，但都不收取佣金。通过免收佣金，来吸引优质的众筹项目，从而提高自身的知名度。

众筹平台的第二个盈利来源是增值服务费。众筹平台在发展的过程中，逐渐拓展业务，满足筹资人的更多需求，寻求多元化的收入方式。很多筹资人只懂创意、技术，对于制作项目的提交资料不熟悉。针对此现象，众筹平台推出了增值服务，具体是指导筹资者完成合同制作、编写宣传册子、了解法律、制作财务报表等；筹资者也可以把众筹的所有事项都外包给众筹平台，给众筹平台支付一定的服务费用。于是，众筹平台就可以凭借此业务来收取费用，增加收入。

国内的“天使汇”众筹平台，曾经在媒体上公布了他们的盈利模式：

免收基本服务，收取增值服务费。增值服务费来源主要有三种：第一种是为企业提供融资服务，融资成功之后，收取财务顾问费，约为融资额的5%；第二种是提供信息化软件服务，比如公司管理软件，收取很低的服务费用；第三种是提供高级服务和增值服务，众筹平台联合专业的第三方机构为企业提供更全面的服务，具体会涉及财务服务、法律服务等。

众筹平台的第三个盈利来源是流量导入。流量导入具体包括合作营销、广告分成。目前，国内、国外的众筹平台通过导入流量带来的收入都很低。

一直以来，佣金是国外的众筹平台最早的盈利来源也最基本的盈利来源。此外，国外的众筹平台也为筹资人提供一系列的增值服务和流量导入，这也为其带来了一定的收入。国内最早的众筹平台“点名时间”最初的两年采取收取佣金的模式，随着众筹平台普遍开始实行免收佣金的模式，“点名时间”也顺应行业发展形势，开始实行免收佣金的模式。目前，中国的众筹网站仍然处于起步阶段，主要采取免收佣金的模式，依靠提供增值服务和流量导入带来收入。而在这种免收佣金的大环境中，大多数的众筹平台收入很微薄，发展受到了极大挑战。然而，中国的众筹平台，采用免收佣金的策略，是有其目的的，是为了吸引更多的创业者，为了先将市场做大，为了建设自己的产业链，寻求长远利益。

众筹模式激发了草根投资者的力量，其发展空间巨大，只要众筹平台能坚持在众筹市场中不断深耕细作，我们相信会开辟出更大的金矿，国内的众筹平台盈利指日可待。

第三章
掌握玩转众筹的技巧，最大限度兑现众筹红利

众筹成功与否，除了与项目本身的创意、设计、产品有关系，还与项目发起者所掌握的众筹技巧息息相关。作为项目的发起者，都想要自己的项目获得众筹成功，想让自己的创意、设计、产品获得举世瞩目的成功，想让自己的创意、设计、产品最大限度地兑现众筹红利。要实现这些目标，发起者掌握玩转众筹的技巧就刻不容缓。

众筹来袭，你准备好了吗

经济变革中，既存在挑战又存在机遇。互联网众筹热浪来袭，冲击着原来的商业结构，企业的发展面临危机，也加快了行业、企业之间的洗牌。俗话说，有备无患。机会总是留给有准备的人。当代批评家陈福民也曾说：“谁配得到上帝的奖励？毫无疑问，只有那些准备好了的人。”在互联网众筹浪潮中，那些如鱼得水的弄潮儿，无不是做足准备者，无不是有备而来者。

那些做足准备的众筹项目发起者，在互联网众筹浪潮中便能胸有成竹地脱颖而出，在新一轮的商业洗牌中名列前茅，使企业获得更高的知名度。企业拥有了知名度，就会获得更多的商业机会，更多的用户基础，就会获得丰厚的收益。任何一个众筹项目在众筹平台上线之前，务必充分地做商业化的准备。这意味着一个好的商业化的开端，必须早于众筹数月就开始进行。准备众筹项目，首先要确认该项目是否可以采用众筹模式；如果该项目可以采用众筹模式，就需要选择合适的众筹平台，为了能够选择到最佳的众筹平台，必须进行考察众筹平台的工作，以确保你众筹的项目顺利进行。

由于相关众筹法律的滞后，众筹平台的发展尚处在初级阶段，并不是每一个项目都可以采用众筹模式。项目的发起人，在有了众筹的想法那一刻起，就要做确认项目是否可以众筹的准备工作，以免前功尽弃。目前，业内人士归纳总结出包含以下内容的项目不可以采用众筹模式（如下表所示）。

项目编号	项目内容	项目编号	项目内容
1	多级直销和传销类相关类项目	11	调查问卷
2	毒品、类似毒品的物质、吸毒用具、烟等相关项目	12	令人反感的内容（例如仇恨言论、不适当内容等）
3	兑奖、彩票和抽奖活动相关项目	13	涉及宗教类项目
4	枪支、武器和刀具相关项目	14	建设网站等
5	保健品、营养补充剂相关项目	15	推广和美化暴力行为的项目
6	食品、农产品、酒类项目	16	支持或反对政治党派的项目
7	婴儿相关用品	17	色情内容相关项目
8	洗浴和美容产品相关项目	18	财政奖励（所有权、利润份额、还款贷款等）
9	医疗器械、安全用品、成人用品相关项目	19	竞赛（为获得资助而在项目中允诺提供竞赛报名费和奖金等）
10	（如呼吁献血、捐款等）非创意类公益项目		

以上19种项目，目前不能采用众筹模式，这19种项目可以分为

三大类，第一类，法律严格禁止的项目，如涉及暴力、色情、宗教等内容；第二类，对投资人有潜在风险的项目，如食品类项目；第三类，法律前置禁止的项目，主要针对需要有相关行政审批的项目，如医疗器械等。此外，还有三种项目由禁止众筹逐步走向了开放：一是房地产相关项目，目前已经开始有了实践；一是招商加盟类项目，2014年6月开始开放申请；一是开店，如网店、服装店、小卖部、饭店、旅馆等，2014年6月开始开放申请。

房地产众筹来袭，万科联手网媒发起了全国首单房产众筹，开创了房地产众筹项目的先河。龙湖、绿地、方兴、远洋等房地产大佬牵手互联网大腕纷纷折腰众筹，引爆了万众的“买房”热情。最近，众筹和房地产界的热门话题莫过于远洋地产、京东众筹平台合力推出的房地产众筹项目“11元筹1.1折房”。

2014年“双十一”前夕，远洋地产和京东金融联合推出了“11元筹1.1折房”的活动。远洋房产是项目的发起人，产品是全国9大城市11套房源，众筹平台是京东金融。众筹开始时间是2014年11月11日零点，截止时间是2014年11月11日23点59分。京东金融的“小金库”或“白条”用户只需登陆京东众筹页面，支付11元就可参与1.1折购房的抽取资格。其他京东用户则需支付1 111元参与该活动。按照活动的规定，2014年11月17日揭晓抽取资格结果。11月18日，“11元筹首付”众筹项目启动。活动过程中，京东金融与远洋地产不收取用户任何费用，为保证结果公正公平，北京长安公证处将对抽取资格的过程及结果进行公证。活动结束后30日内，京东的“小金库”或者“白条”用户及其他投资用户所支付的11元或1 111元金额将退回原卡。

该活动一经宣布就刺激了购房者的神经。该房地产项目最终在24小时内，筹资额达到了1 220万。2014年11月17日上午10点，在北京市长安公证处公证员的监督下进行了抽取资格全程，最终来自北京、上海、长春等地的11位活动参与者分别获得了11套1.1折特价房的购房资格。

远洋地产项目众筹，尽管褒贬不一，但是它创新了房地产的商业模式，也给极少数的购房者带来了实惠，为房地产众筹的发展提供了借鉴。

随着众筹相关法律的不断出台和完善，越来越多的项目会加入众筹的行列，获得更多的融资空间。确认项目可以采用众筹模式，是众筹过程中的起点，看似简单，却影响着项目的众筹结果。

当发起者确认项目可以采用众筹，接下来亟待解决的是考察众筹平台，筛选合适的众筹平台。众筹平台的选取，直接影响众筹项目的结果。确定众筹项目以后，一定要不遗余力地考察众筹平台，决不能草率地选取众筹平台，因为草率地选取众筹平台，很可能会导致本次众筹失败，并带来意想不到的副作用，让发起者的信誉大打折扣，让下一次的众筹难度更大。为此，项目发起者需要做筛选众筹平台的准备工作。一般发起者需要做三个方面的准备工作，才能筛选到合适的众筹平台。这三个方面包括：众筹平台的资质和规模、选择综合类众筹平台还是垂直类型、对比各平台提供的增值服务。

筛选合适的众筹平台需要做的准备工作		
	具体工作	备注
众筹平台的资质和规模	为了避免非法集资，发起人首先要考察众筹平台是否有众筹资质。针对有资质的众筹平台继续考察其规模，选择那些影响力大、有金融服务资质、有一定规模的众筹平台，从而保障项目众筹安全合法进行	众筹平台脱胎于金融，无论它将来属于哪个部门监管，都会涉及众筹平台合法性的问题
选择综合类众筹平台还是垂直类的	现在众筹平台如雨后春笋般冒出，有综合类也有垂直类，各自有各自的优点，项目发起人需要结合自己的项目特点做出选择，并选择最合适的	如果你的项目服务于广大的公众，你应该选择用户量大的综合类平台；如果你是一个小众的生活歌手，垂直类平台更容易找到音乐爱好者
比较各众筹平台提供的增值服务情况	如今众筹平台数量多、种类多，让人看得眼花缭乱，不经过深入的比较，真不知道哪个性价比高。经过深入的比较你会发现各个众筹平台提供的服务不相同，你需要了解每个平台的优点和缺点。而那些能提供后续项目孵化服务、音乐作品的演出售票服务、持续培训和辅导服务的众筹平台，无疑能促进项目的顺利进行，会受到发起人的青睐	如KickStarter众筹平台可提供财务、法律等服务；京东众筹平台与众筹发起人合作，提供推广、发售、孵化等服务

俗话说："磨刀不误砍柴工。"项目发起人要扎扎实实从众筹平台的资质和规模、是综合类众筹平台还是垂直类型、各平台提供的增值服务这三方面来评估众筹平台，从而为自己的众筹项目筛选到合适的众筹平台，让自己的众筹项目赢在起跑线上。

万里之行始于足下，项目的众筹过程也需要从第一步开始，这个第一步就是确认项目可以众筹和筛选合适众筹平台的准备工作。完成了确认项目可以众筹和筛选合适众筹平台的准备工作，就为你的众筹层层推进打好了坚实的地基，你就可以毫无后顾之忧地推进众筹工作了。

如何规划众筹项目

自古以来商战如兵战。两千年以前，兵家就总结出“谋而后动”的智慧，指导军事家先谋划再进行军事行动。这一智慧同样适用于今天的商业活动。众筹是一种商业活动，项目发起人要想众筹成功，就需要遵循一定的商业规律，就需要精心谋划众筹项目。专业地讲，你要做众筹项目的策划或者规划工作。

据相关数据显示，75%的众筹项目众筹遭遇失败，而众筹成功率较高的Kickstarter众筹平台上的众筹项目也只有44%的成功率。可见，你的项目采用众筹模式融资，挑战很大，只有做足了准备工作，深谋远虑、苦思冥想地规划，众筹项目才有机会获得成功。规划一个精彩的众筹项目需要把握众筹项目的创意、支持者的范围、众筹目标金额、筹资档位及对应的回报方案这几个要素。

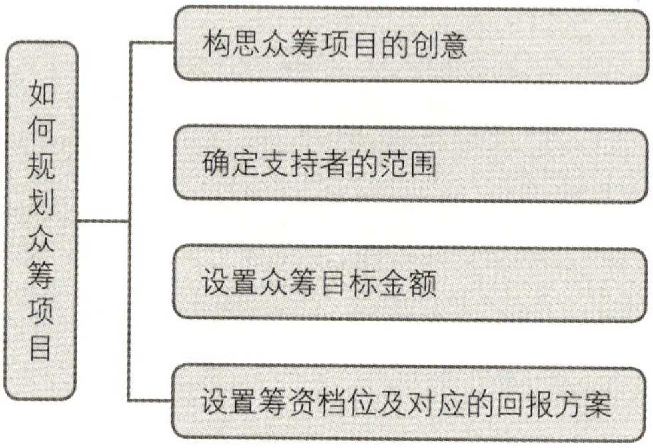

这几个要素当中，重中之重是众筹项目的创意，为众筹项目设计一个卓尔不群的创意，才能吸引用户的眼球，让更多的用户知道你的项目。如果用户不知道你的项目，即使你的项目很有商业价值，也只能淹没在众筹的浪潮之中，不能成为绽放的浪花。众筹项目具有社交网络特性，要求它必须要有独具匠心的创意，才能打动用户，让用户主动在社交网络中分享它，使它得以迅速推广，让更多的人知晓。设计项目的创意时，你需要熟悉大众的痛点、痒点、兴奋点，找准令大众尖叫的卖点。但是，如果项目的创意都无法令你自己兴奋，可以断定陌生的投资者会捂紧自己的钱袋继续寻找其他的有潜力的项目。业内人士总结得出：能够激励人们、能够引发想象、能使人憧憬未来、能够引起大众共鸣具备情感诉求的项目创意更能吸引大众。无论你的项目多么有创意，一定要建立在拥有商业价值的基础上，否则就是海市蜃楼，虚无缥缈，在众筹平台审核的时候就极有可能被淘汰掉。

项目的创意是为了吸引支持者的眼球。如果能针对支持者设计项目的创意，就会更准确地抓取到支持者的痛点、痒点、兴奋点，更容易打动支持者。据调查显示，每个项目只要有4%的铁杆粉丝，再加长尾效应，就可以获得足够的支持者，取得众筹成功。众筹发起人，需要确定4%的铁杆粉丝的范围，并针对他们设计创意，触动他们的兴奋点，与他们产生情感共鸣，激励他们参与到项目的宣传中，主动传播项目，进而吸引他们社交圈的朋友来支持该项目。众筹从某种程度上说是建立在粉丝经济基础上的，确定你的粉丝群体，为你的粉丝量体裁衣，你就会获得不错的收益。你必须精准定位你的支持者群体，才能拥有拿钱投票的铁杆粉丝，靠这些铁杆粉丝的力量推动项目的进展、凝聚更多的支持者，为项目吸取更多资金。

确定你的支持者群体，你要了解支持者的需求，经济实力，然后才能设置合理的众筹目标金额，才能设置合理的筹资档位以及相应的回报。设置众筹目标金额的时候，发起人需要掌握这样一个原则：宁可低就不可高成。你的支持者经济实力弱，你可以把众筹项目设置在低的范围内，最好在一万元以下。你的支持者经济实力强，你可以把筹资目标金额设置为1万元以上、甚至10万元以上。不管你设置的众筹目标金额为多少，目的是让项目众筹成功。众筹项目一旦失败，不仅筹集不到资金，还会增加你下次众筹的障碍。如果你的众筹目标金额很低，一次筹不够启动项目的资金，你还可以发起第二期众筹或第三期众筹。通过第一次的众筹成功，能增加接下来的众筹成功的概率，并且还可能吸引到投资机构前来投资。

项目发起人在设置众筹目标金额时，不能贪大求多。众筹目标金额越大越不易成功，反之越易成功。

成功的众筹项目还离不开合理的筹资档位以及对应的回报。设置筹资档位不能太单一，也不能太繁多。只设置一个筹资档位，很难满足用户个性化的需求，就会导致项目失去一批资助者。设置过多的筹资档位，会让资助者眼花缭乱，花费过多的时间琢磨筹资档次，就不能爽快地出资投票，项目很难出现高温期，导致越来越多的支持者观望，不能增加潜在投资者的信心。

国内影响力较大的众筹平台众筹网统计获得了一组数据，这组数据显示，平均每个支持者为每个项目出资约200元。所以，你为大众设置的筹资档位最好以此为依据。总之，设置项目档位的时候需要把握这样一个原则，不要少于三个筹资档位，不要超过七个筹资档位。

你还要为不同的筹资档位精心设置相应的回报方案。回报方案必须与筹资额度相匹配，出资越多回报的价值越高，而且要让支持者一目了然地看出来，即要有明显的层次，以便投资者迅速找到自己的需求，爽快地用现金为你的项目投票，从而带动潜在的投资者，下定决心尽早投资你的项目。

三个爸爸儿童专用空气净化器在京东众筹平台众筹成功，与它合理的筹资档位以及相应的回报方案有极大的关系。

三个爸爸儿童专用空气净化器的筹资档位及相应的回报方案如下：

第一档位，799元，限额500名支持者，对应的回报方案：799元即可获得三个爸爸儿童专用空气净化器伊娃伴侣型一台，全智能模式操作，能做到出风口PM2.5为0。

第二档位，999元，对应的回报方案：您将以999元的裸机价格，获得三个爸爸儿童专用空气净化器伊娃伴侣型一台，并送您价值400元的伊娃伴侣款滤芯两套。

第三档位，3 499元，对应的回报方案：恭喜您成为三个爸爸儿童专用空气净化器高达卫士型的首批支持者，作为回报，您能以史无前例的补贴价3 499元，获得市场价4 999元的三个爸爸儿童专用空气净化器高达卫士型一台。

第四档位，3 999元，对应的回报方案：虽然您没能赶上第一批，没有关系，作为回报我们仍为您定制了远低于市场价的回馈价。3 999元，获得三个爸爸儿童专用空气净化器高达卫士型一台，再送您价值480元的精滤HEPA两个。

第五档位，34 990元，限额40位支持者，对应的回报方案：恭喜您成为三个爸爸儿童专用空气净化器首批合作经销商，作为回报您将以首批合作客户超级低价34 990元获得10台量产标准版高达卫士，同时获得我们的终身扶持和技术支持！

第六档位，49 990元，限额40名支持者，对应的回报方案：恭喜您成为三个爸爸儿童专用空气净化器首批合作经销商，作为回报您将以首批合作客户特享价49 990元获得量产标准版高达卫士和伊娃伴侣各十台，并享受相应的滤芯附送政策，同时获得我们的终身扶持和技术支持！

三个爸爸儿童专用空气净化器在规划项目的过程中设置了合理的筹资档位及相应的回报方案，强烈地吸引了支持者的投资热情，于是，在短短的几天内就实现了众筹目标金额，获得了振奋人心的众筹成功，成为国内有史以来最经典的众筹案例。

此外项目发起人还要在项目的规划方案中，醒目地写明项目的风险，最好附加项目无法完成的解决方案，以维护自己在众筹平台上的信誉，为下一次的众筹积累信誉。因为众筹活动得以进行，必须以信赖为前提，如果发起人缺乏信誉，即使你的项目规划方案写得天花乱坠，也不会得到大众的分文资金。所以，你的回报方案，必须是可以兑现的、可以操作的，华而不实的回报方案在众筹领域是行不通的。

众筹筹的是大众手中的闲钱，有的群众手中的闲钱多一点，有的少一点，你需要把他们都聚集到你的项目中来。为此，你就要为闲钱少的用户设置合理的筹资档位，也要为闲钱多的设置合理的筹资档位，这样才会充分调动他们投资的积极性，从而有可能使你的项目众筹一蹴而就。

项目发起者规划项目的时候，需要构思项目的创意、确定支持者的范围、设置合理的众筹目标金额、设置合理筹资档位及对应的回报方案，并不遗余力地做这四项工作。项目的规划工作，直接决定你的项目的成活率。某种程度上说，项目规划工作做得精妙绝伦，众筹项目就成功了一半。

在众筹平台上发布项目的五个步骤

众筹项目只有在众筹平台上得以发布，才能获得大众的关注，才有机会众筹成功。充分地准备筹划项目的前期工作、精心地规划众筹项目，是项目在众筹平台上得以顺利发布的前提。项目在众筹平台上发布是把项目推送给大众的至关重要的一步。

项目发起人熟悉在众筹平台上发布项目的流程，无疑能提高项目的运作效率。在众筹平台上发布项目的流程包括发起人注册、完善个人资料、发布项目、填写项目基本信息、填写项目详情页、设计回报项目、完成收款信息、提交审核这几大步。

为了让大家更直观地了解在众筹平台上发布项目的步骤，在这里我们以国内影响力较大的众筹平台众筹网为例加以说明。

众筹网是中国最有影响力的创业众筹融资平台，众筹网的域名是www.zhongchou.cn。用户可以通过电脑、手机两种工具登陆众筹网，用手机登录众筹网可以直接输入网址App.zhongchou.cn，也可在搜索引擎中搜索“众筹网”三个字。打开众筹网，你可以看到网站的右上角有注册的按钮，单击一下，进入注册页面。

第一步，从众筹网的注册页面可以直观地看到，众筹网只接受手机用户的注册，没有手机的用户是无法注册的。当你按照要求完成注册，接下来用你的手机号登陆众筹网。完成登录，会在众筹网的右上角显示一个头像，你把鼠标放在头像上，会显示个人设置的按钮，轻轻点击，进入个人设置里面，完善你的个人信息，包括你的所在地、个人简介、邮箱、头像等信息，总之个人信息越完善，越能提高你的信誉度。此时，众筹网会引导你去浏览更多项目，你可以去看看那些成功的众筹项目，来借鉴经验。

第二步，选择“立即发起项目”。把鼠标放在用户的头像上，会出现“发起者后台”按钮，点击进入项目发布的页面。

你需要在“阅读并同意众筹网的《服务协议》《众筹公告》”前面的小方框中单击一下，表示你已经看过了，建议发起人认真阅读众筹网的《服务协议》《众筹公告》，毕竟众筹与金融相关，存在的风险比较大，了解一下可以有效地避免自己的众筹项目触碰法律红线。

同时，不同的众筹平台的服务协议和规定会有所不同。众筹网的《服务协议》中规定了项目发起人的资格和项目的具体要求，以及项目回报的内容要求。发起人认真阅读众筹网的《服务协议》《众筹公告》之后，可以点击“立即发起项目”的按钮，进入下一个步骤。

第三步，填写项目的基本信息及项目详情。

这个环节是在众筹平台上发布项目的重中之重。你必须为项目起一个引人瞩目的标题，填写合理的目标金额，具体数目不少于500元；确定筹款天数，天数一般在10到90天区间内；选择合适的类别，会让你的目标用户更容易搜索到；上传项目的视频，图文并茂地展示项目，使你的项目在海量的项目中脱颖而出……更重要的是项目的详情。项目的详情包括“关于我（也可使用个性化小标题）”“我想要做什么（也可使用个性化小标题）”“为什么我需要你的支持及资金用途（也可使用个性化小标题）”和“可能存在的风险（也可使用个性化小标题）”这四个内容。填写项目详情就是为了给你的项目拉票，项目详情的内容能触动用户的兴奋点，项目就能获得更高的成功概率。完成以上内容，点击下一步按钮，转入回报设置的页面。

第四步，填写回报信息。

发起者按照事先规划好的回报方案，填写相应的回报信息。回报信息，包括支持金额、回报的内容、奖励品的图片、筹资金额对应的限定名额、奖励品的运费、回报的时间、回报类型，填写完毕，需要仔细检查一遍，如果需要修改点击“取消保存”的按钮；如果没有问题点击“保存”按钮，即可填写第二档位的回报信息，以此类推。所有档位的回报信息都填写完毕，即可进入下一步。

众筹平台会给你一些填写回报信息的指导。填写回报信息有三个原则：一是设置三个以上的回报信息，多一些选择能提高项目的支持率；二是筹资档位要拉开距离，几十元、百元、千元、万元各设一个档位，并给出相应的回报，比如出资10元以内的给予集体感谢，出资1万元的给予10件产品的回馈，多档位的回报会让你的项目更快成功；三是回报的奖励品最好是项目的衍生品。毕竟投资者来这里是支持你的创业梦想，而不是为了捡便宜货的。众筹平台研究发现，与项目有关的回报更能吸引支持者。

第五步，填写发起人收款信息，提交审核。

发起人收款信息包括真实姓名、住址、移动电话、接收众筹款项的银行卡信息。其中收款银行卡信息中的银行名称、开户支行、开户名称、银行账号一定要认真核对，确保准确无误，以便在项目成功之时及时获得众筹资金，保证项目顺利进行，按时交付。完成发起人收款信息的填写，你还想修改点击保存草稿，你觉得没必要修改，就可点击“提交审核”，安心地等待众筹平台的初审、复审。众筹平台初审一般需要一天，复审需要专业的团队操作，约两三天。如果两次审核都通过了，你的项目就发布成功了，可以与大众见面了。

这就是在众筹平台上发布一个项目的全过程。相信你已经对在众筹网站发布项目的步骤有所了解，可以胸有成竹地在众筹平台上发布众筹项目了。

如何推广和实现众筹项目

众筹项目在众筹平台上成功发布，会得到众筹平台的免费推广服务，但是这样的推广力度还远远不够。因为，众筹平台运作的项目难以计数，不可能专为你一家做推广，众筹平台会在成千上万的项目之中精挑细选出几个优质项目重点推广，别的项目根本就无暇顾及。所以，当你的项目在众筹平台上发布成功，你千万不要有万事大吉的心态，这只是万里长征迈出的第一步。你只有坚持不懈地推广自己的项目，才可能实现众筹成功，才可能获得众筹成功的惊喜。

互联网浪潮中，微信开店、众筹融资已经成为时下人们热议的话题。但凡有商业头脑的人，都已经开始加入微信开店的队伍之中；但凡有创业想法的人，都开始加入众筹融资的阵营之中。如果说微信开店赚的是熟人的钱，靠熟人撑起自己生意的蓝天，那么众筹融资则是赚陌生人的钱，靠同样有创业梦想的人打造出一片创业的天地，做更大的生意。众筹项目要获得大量的陌生人的投资，就离不开推广，只有你的推广像春风一样把项目信息吹遍世界的每个角落，才会让更多的陌生投资者知晓。要让项目的信息得到大范围的推广，除了借助自己线下朋友圈的力量，还需要借助众筹平台、项目发起人的力量、社交网络工具、铁杆粉丝、必要的时候需要借助专业的推广团队等力量。

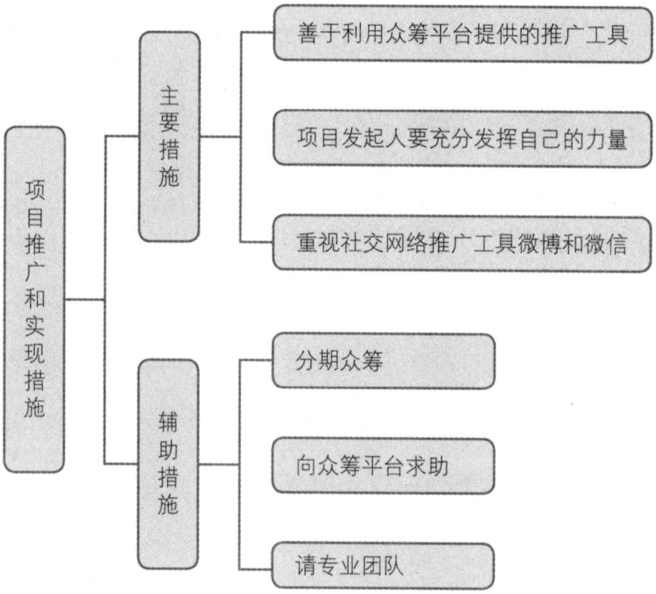

项目在众筹平台上发布成功，会获得众筹平台的免费推广服务。很多众筹平台，为了给发布的众筹项目聚集人气，会在项目的发布页面上提供社交工具的快捷链接，比如众筹网给已发布的项目提供微信、新浪微博、QQ空间、人人网等快捷链接，陌生的投资者看了项目的信息，觉得有趣，只要点击一下就会把项目信息分享到

微信朋友圈、微博、QQ空间等社交网络中，把项目信息推广向更多的用户，推广速度会呈现病毒式的扩张。善于利用众筹平台提供的推广工具，会让你快速获得第一批支持者，即铁杆粉丝。

与此同时，项目发起人要充分发挥自己的力量，靠自己的魅力、人脉来推广项目。如果项目发起人自己都没有推广的热情，相信陌生的投资者也会冷眼旁观，甚至绕道而行。以往的众筹项目证明，发起人自己的力量是项目推广的最大驱动力，是实现项目众筹成功的持久动力。

项目发起人通过运用众筹平台上的推广工具和发挥自身的力量，基本上就可以获得第一批投资者，打造出众筹筹资的上升期。一旦获得了第一批投资者，发起人要把这些投资者变成铁杆粉丝，就需要经常与这些人互动交流，及时地回复他们的留言，及时地向他们公布项目的进展情况。你也可以与第一批投资者一对一地深入沟通，培养友情，获得他们稳定的支持、坚持不懈的推广。还可以搞一些线下的活动，增加彼此的情感交流。如《分手大师》众筹的过程中，就搞了一些线下的活动，聚集了人气，进一步推广了项目。总之，积极地与这批支持者交流互动，你就会获得这批人摇旗呐喊的宣传、从头到尾的热忱支持。

在推广项目的过程中，发起人决不能忽视目前最有影响力的社交网络推广工具微博和微信。众所周知，微博是中国活跃度最高的社交媒体，而借助微博大V来推广项目既成本低又可以获得高效的推广效果。微信即时交流功能，可以让你的项目信息火速被用户接收到。特别是微信公众账号可以一对多地精准把信息推送给用户，可以实现90%的观看率。项目发起人善于运用微博、微信这两大社交工具，就会把项目信息迅速推广给潜在投资者。

此外，采用分期众筹、向众筹平台求助、请专业团队推广这些措施，也能高概率地实现项目。如果你的众筹项目需要的金额较大，为了实现众筹成功，采用分期众筹成功的概率更高。如果你的项目通过自身的努力已经筹到了20%的众筹目标金额，此时向众筹平台申请支持，就会获得众筹平台的推广资源。众筹平台本身就拥有巨大的投资者和高效的推广渠道，他们会把你的项目推送给合适的投资者，将极大地促使众筹项目获得成功。还有一个高效的推广办法，前提是你愿意付费，可以请专业团队来做项目的推广工作，帮助你的项目获得更多的投资者。

众筹发起人多管齐下地实施这些推广措施，就能实现迅雷不及掩耳之势的推广效果，使自己的众筹项目信息想不被人知晓都不可能，从而得到大众的鼎力相助，获得“众人拾柴火焰高”的力量。项目众筹获得成功也就指日可待了。

社交网络推广众筹项目的周期把控

众筹项目的推广既需要利用线下的社交圈子，更需要利用线上的社交网络，如国内的博客、SNS（人人网）、微博、微信、QQ群等，国外的Twitter（推特）、YouTube、Tumblr、Facebook（脸书）等。社交网络能够弥补线下社交圈子的地域限制，能吸引到来自世界各国、全国各地的网络用户关注，为众筹项目带来更多的投资者，比线下的社交圈子推广范围更加广泛、传播速度更快。所以，项目发起人在推广众筹项目信息的过程中，一定不能忽视社交网络，并要充分利用社交网络，来扩大众筹项目推广的范围，提高众筹项目的推广速度，以便让更多的用户了解自己的众筹项目，让更多的用户用“真金白银”为自己的众筹项目投票。为了最大限度地促进自己的众筹项目成功，众筹项目的推广者和项目的发起人，需要娴熟地把控社交网络推广众筹项目的周期。

众筹项目的筹款速度具有起伏，由此决定众筹项目的推广要有周期性。成功的众筹项目的筹款速度会经历快速上升期、平稳期。众筹项目上线前的预热，步步为营的推广策略，狂轰滥炸的推广节奏，能够大范围、迅速地吸引感兴趣的投资者，从而打造众筹项目的第一批铁杆投资者，增加其他投资者的信心。众筹项目已经上线后，这批铁杆投资者，就会充满激情地、积极地拿起鼠标付钱支持，从而让项目的筹款速度蹭蹭上窜，把项目筹款推入上升期。房地产众筹项目在推广的过程中，就很注重推广的周期性，实现了筹款上升期，快速获得了众筹融资成功。

以搜房众筹平台为例，搜房众筹平台不断升温，成了众筹的热门话题。邦华 · 星际Ⅱ众筹项目在搜房众筹平台启动上线，通过有效的推广，成功打造了筹款的上升期。

2014年11月14日早上10点整，邦华 · 星际Ⅱ众筹在搜房平台上正式启动上线开始众筹，开始的1分钟内获得了75位投资者付款支持，筹到了19.6万。

该众筹项目在众筹没有开始之前就到社交网络进行了大力推广，就是想打造筹款的上升期。

该众筹项目的推广的文字信息如下：

邦华 · 星际Ⅱ众筹房源详情：

众筹价：43.8万元

市场价：72.84万元

折扣：6折

房号：2号楼3层15号房

户型：一房一厅一卫LOFT公寓

面积：39.09㎡

邦华竞拍时间：11月20号11：00

回报：用户（最低投资额1 000元）享有40%的年化收益

并附有房屋户型图、沙盘图、规划图、楼盘景观图等。

邦华·星际Ⅱ众筹项目的众筹目标为438 000元。众筹一分钟内筹款占了目标金额的44%，让该项目的筹款进入了上升期，无疑让其他投资者的投资信心增强，让犹豫的投资者决定下单支持。此众筹项目在短短20分钟就众筹完成，获得了来自188人出资的43.8万元众筹目标金额！

当投资者的高温退却之后，项目的筹款就会进入一段平稳期。在平稳期，支持者下单支付的数量比较少。项目此时就要靠运气，看能不能在社交网络中吸引到陌生投资者，打造一批跟风投资者，同时要不断地在各个社交网络上及时地与现有的投资者互动，并随时公布众筹项目的进展情况，炒热项目，吸引潜在的投资者和那些感兴趣而犹豫不决的投资者点击鼠标下单支持。总之，进入平稳期，支持者的下单速度降低，支持者的下单数量变少。但是项目决不能缺少这个阶段的投资者，一定要想方设法，加大推广力度，吸引到尽可能多的投资者。如果平稳期停止推广，众筹项目将可能前功尽弃。所以，此阶段推广也绝不能掉以轻心，需要尽职尽责，坚持到底，迎接项目融资的冲刺期。

众筹项目距离截止日期越近，项目发起人和营销团队越要使出浑身解数大力推广，只要努力了，即使失败也不会遗憾。快到截止日期（也可称为项目筹款的冲刺期）时，发起人一定要奋力一搏。此时，迫切需要推广者利用自己的社交资源（既包括线下的社交圈也包括线上的社交网络），并且不惜一切代价让线下的家人、朋友、亲戚到线上支持，通过朋友的朋友、亲人的朋友增加支持者，扩大线上的社交圈子，吸引更多的投资者点击鼠标付款支持，让筹款金额超过目标金额。

如果项目启动上线的前三天筹款速度没有出现直线上升的支持率，意味着之前的推广措施不合适，需要及时地调整推广的措施。项目发起人或推广团队需要调整项目的描述信息，让项目的宣传信息更加有趣味，更加丰富，最好有创意文字、优美的图片、声情并茂的视频等信息来打动投资者。还需要调整推广的平台，最好是利用多种多样的社交平台，同时采用可详细展示项目文字、图片、视屏的博客，可长期交流的微博，可即时互动的微信，可提高项目口碑的豆瓣等。总之，推广要多管齐下，激发投资者的热情，打造第一批铁杆投资者，使项目筹款尽快进入上升期，以便吸引潜在的投资者，促成一批“跟风投资”，增加其他投资者的信心。

互联网时代，是一个“酒香也怕巷子深”的年代，如果用户不知道你的众筹项目信息，即使你的创意卓尔不群，即使你的众筹项目很有商业价值，也只能是一个想法，不能变成产品。所以，你需要利用互联网的特色，充分利用社交网络来推广你的众筹项目，快速把众筹项目信息传播出去，让所有的用户都知道，只有这样才会让感兴趣的投资者不惜巨资来为你的项目点赞，你才有可能众筹成功。

根据项目的受众属性制定社交网络策略

当你产生众筹想法的那一刻，你一定想获得梦寐以求的众筹资金和众筹成功。要使你的众筹项目获得振奋人心的成功，你必须了解你的众筹项目的受众属性，以便精准定位目标用户，提高成功的胜算。如果你能根据项目的受众属性，采取相应的社交网络策略，就可以深深地打动投资者，促使他们慷慨地出资为你投票，使你的众筹项目无限地靠近成功，甚至获得举世瞩目的成功。

要想根据项目的受众属性制定社交网络策略，首先需要了解众筹项目的属性，众筹项目的属性决定众筹项目的受众属性。不同的众筹项目有着不同的受众属性，需要采用不同的社交网络策略。

电影游戏类的众筹项目的受众属性是影迷、游戏迷，这些用户爱交流、熟悉网络。此类项目的受众，相对于收益而言，更看重与演员、导演互动、交流、见面。不同于常规投资，众筹支持者投入的不单是金钱，还有基于情感共鸣的热情、信任和爱心。项目发起人或团队除了编写软文到社交网站上宣传外，还可以在社交网络上安排演员、导演与受众直接互动、交流，可以抽取一定名额的用户参与明星见面会、签名照片、现场探班、首映礼、发布会等活动。

阿里巴巴的娱乐宝平台众筹电影、游戏——电影《小时代3》《小时代4》《狼图腾》《非法操作》和游戏《魔范学院》，总共众筹7 300万元，其中，影视剧项目投资额为100元/份，游戏项目的投资额为50元/份，每个项目每人限购两份。2014年3月26日开始接受公开众筹。项目虽然是电影，但是回报包括现金收益和娱乐权益。项目受众的现金收益：预期年化收益7%，不保本不保底，一年后自动全部领取，提前领取将收取3%的退保费，此次采取“单一客户保费金额限额”的销售策略。项目受众的娱乐权益：有机会享受剧组探班、明星见面会等娱乐权益。因为此属性，娱乐宝众筹电影项目的受众属性是影迷、游戏迷，他们大部分是青年人，熟悉互联网，喜欢用社交网络工具。

阿里巴巴娱乐宝众筹电影游戏资金，抓住了项目受众属性：影迷、游戏迷，年轻，擅长用社交网络，更注重娱乐权益，于是制定了“受众有机会享受剧组探班、明星见面会等”社交网络策略，获得了用户的大力支持，还获得了用户的持续关注，以及后期买电影票观影。《小时代3》已经成功上映，内容虽然遭受质疑，却获得了成功的票房，与其众筹时的社交网络策略有着直接关系，得益于其众筹的时候根据项目受众制定了相应的社交网络策略。《小时代3》在一开始就锁定了导演郭敬明的粉丝群，同时郭敬明积极地在社交网络上与粉丝互动，吸引了许多粉丝对该影片的关注和支持热情，从而促成了《小时代3》的优秀票房成绩。可见，相应的社交网络政策，能增加项目的推广力度，能促使众筹项目成功，能够让众筹项目获得好成绩。

因此，在实际的项目推广过程中，众筹项目的推广人员要根据众筹项目的受众来利用相应的社交网络资源。针对具有较强地域属性的项目产品，最佳的方式是利用生活中的社交人脉进行推广；针对具有广泛实用性的项目产品，最有效率的方式是采用跨越时间地域限制的社交网络平台进行推广；针对具有较高社会知名度的项目参与者，最可行的办法是利用名人效应发展粉丝经济。总之，根据众筹项目的受众属性制定社交网络策略，会让项目获得意想不到的推广效果。

一个众筹项目要能根据项目的受众制定社交网络策略，就会在短时间内把项目的信息推广出去，就会让更多的受众知道项目、关注项目。项目受到大量用户关注的时候，再趁热打铁地在微博、微信等社交网络中推出恰当的活动宣传，就会让关注的用户积极地点击屏幕付款支持，从而促成项目在短时间内完成众筹目标金额。

巧用众筹平台的交流空间

无论是国内众筹平台点名时间、众筹网，还是国外的众筹平台IndieGoGo和Kickstarter上都有供用户交流的空间，用户可以评价、可以咨询、可以鼓励。项目发起人在这里可以为投资者留感谢语、可以向投资者公布项目的最新进展，总之，用好众筹平台的交流空间，就可以为自己的众筹项目拉到更多的现金票。

善于利用众筹平台交流空间的项目发起人或团队，在项目没有上线之前，就会在众筹平台的交流空间发布众筹项目的文字、图片、视频等信息，以及产品的设计理念。你要吸引更多的用户来关注你的项目，就需要在众筹平台上展现充满创意的文字、精美的图片、生动的视频，并发起话题，吸引用户来交流。通过深入的交流，把用户变为你的支持者，从而为项目建立广泛的用户基础，使项目在没有启动上线的时候就备受瞩目，甚至家喻户晓。能做到这样，无疑已经使你的众筹项目成功了一半。

那些成功的众筹项目发起者，除了拥有别具匠心的创意、很高商业价值的设计，而且还特别善于运用众筹平台的交流空间，并在其中充分地与用户交流、互动，从而打动更多的用户为其投票。

国内众筹平台点名时间运作的众筹项目Cuptime智能水杯，巧用众筹平台的交流空间，在众筹平台的交流空间里充分地介绍项目、展示产品，设置鼓舞人心的超值回报，极大地调动用户的参与热情、资金支持力度。该项目在众筹平台上通过图文并茂的介绍，达到了造势的推广效果，并设置诱人的回馈，吸引了2 668名粉丝关注。此外，还在众筹的交流空间及时发布项目的进度、生产进度、发货进度等，主动请求用户反馈问题。于是，用户积极参与交流，把自己收货中、使用中的问题反馈在平台的交流空间上，不仅使用户针对产品的问题有地方提出诉求，还提高了项目的活跃度。

Cuptime智能水杯团队在点名时间的交流空间里主动与支持者交流，并及时与用户互动。他们发帖说："一部分支持者在收到Cuptime智能水杯后，专业地测评了我们的产品，并把存在的问题反馈给了我们，帮助我们一起改进了产品。"他们鼓励支持者拍砖："大家反馈的问题将会使我们的产品由不完美逐渐走向完美。请大家多多拍砖，把你们发现的问题一一反馈给我们，我们一定会努力给您一个满意的回复和处理结果。请大家帮助我们改进产品，也请给我们机会帮你们解决所有的疑惑。"这一提议立即获得了用户"有态度就好""为什么我订的两台蓝牙都连接不上啊？我用

iphone 5s还有iphone 5试的，都连不上”的互动交流，此交流话题总共获得了226名用户的互动。最后Cuptime智能水杯在点名时间上获得了众筹成功，总共筹集到1 358 583元。

Cuptime智能水杯众筹项目巧用点名时间众筹平台的交流空间，创造了一个智能水杯能卖135万的商业奇迹、财富传奇。Cuptime智能水杯众筹项目成为点名时间运作的经典项目、中国众筹项目的典范。

众筹项目发起者或团队在众筹平台上更新项目的信息可以是公开的也可以只针对投资者。如果只针对投资者，会通过邮件等方式推送更新的信息。资助者也可以对更新的信息进行选择性的评论。全球知名的众筹平台Kickstarter为每一个众筹项目提供交流空间。在Kickstarter众筹平台上，每一个众筹项目都可获得一个评论板块，每一个投资者都可以在这个板块上自由发表言论，可以是对产品的建议也可以是对产品的期望。Kickstarter平台上运作了很多成功的众筹项目，众筹项目Carmageddon是其中的一个。众筹项目Carmageddon的发起人Stainless Game巧用众筹平台的交流空间，化解了危机，重获资助者的支持，使众筹项目得以顺利进行。

众筹项目Carmageddon的发起人Stainless Game在只针对支持者的公开信息中说：“新一轮的视频内容的下载将收取一定的费用。”许多支持者评论了此消息，他们说：“该项目当初在Kickstarter平台上融资的时候，项目发起人Stainless Game承诺所有支持者，新内容的更新下载监视免费。”收到支持者的评论，Carmageddon的发起人Stainless Game立即在Kickstarter平台上的交流空间发布了更新信息“对于所有的支持者新游戏内容将是免费的”，从而挽回了自己的信誉。

众筹项目Carmageddon的发起人Stainless Game巧用平台交流空间，得以与支持者及时互动、无障碍交流，从而快速消除误会。巧用平台的交流空间，比公司专门召开公开道歉会反应快、成本低、效率高，能够在比较短的时间内消除负面影响。

那些成功的众筹项目表明，众筹项目要成功，除了做必需的文字宣传、图片说明，还需要注意推广的成本和效果。显然，在众筹平台的交流空间中积极与用户互动，可以获得免费的推广、良好的宣传效果。正在众筹中的项目发起人和即将采用众筹融资的创业者，用好众筹平台的交流空间，会让你的项目获得如虎添翼的推广效果！

警惕大众智慧的陷阱

大众智慧在许多领域都影响着人们的正确决策，人们的思维具有惯性，通常会不假思索地相信大众智慧。大众智慧一定是正确无误的吗？36氪上的一篇文章说“聪明的人有时候容易犯傻”，面对这样简单的数学问题：“一个球拍和一个球总共花了1美元10美分，球拍比球多花一美元，那么这个球值多少钱？”许多聪明的哲学家、经济学家、社会科学家，不假思索地会说：“球是10美分。”但凡懂算术的人都知道，这个答案显然是错误的。你可以设球为x美分，那么球拍就是（x+10）美分，很容易算出，球是5美分。这是诺贝尔奖获得者兼普林斯顿大学教授Daniel Kahneman设置的看似毫无陷阱的实验，结果他发现“聪明人有时候可能会犯傻”。而且超过半数来自哈佛、普林斯顿、麻省理工学院的学生在面对上述的球和球拍问题时，回答也是错误的。可见，大众智慧存在陷阱。

☆ 大众智慧，一般被理解为集体的力量，是收集起来的智慧。

在众筹模式中，也存在大众智慧的陷阱，针对支持者，很多人支持的众筹项目不一定就是最好的众筹项目，支持者不一定就能获得最想要的回报；针对发起人，很多支持者反馈的问题，不一定就是产品的焦点问题、最迫切需要解决的问题。

尽管我们常常说“三个臭皮匠赛过诸葛亮”，强调群众的智慧胜过谋略家、专家，但是事实证明大众智慧存在陷阱。而被吹捧为众筹模式的一大优势的大众智慧，却存在着邓宁–克鲁格效应、集体思维、优越幻想和绷带效应的陷阱。

大众智慧的陷阱

- 邓宁–克鲁格效应，这是一种认知错误，一般指在一个群体中，某位没有相关技术的人把自己的能力高估与集体平均水平持平的现象。
- 集体思维，是心理学名词，它指在群体讨论问题的时候，为了得到一致的结果，往往会做出错误的决定。
- 优越幻想，与邓宁–克鲁格效应类似，指个体由于认知偏见，夸大自己的优点，缩小自己的缺点。
- 绷带效应，它是心理学里一个特定概念的交换显现，意思说一个集体中，当有一个人认为一个错误的决议是正确的时候，其他人也会倾向于认为它是正确的。

大众智慧存在陷阱，只可以作为参考，不能百分百地信赖。如果过分地相信大众智慧就会让你误入歧途。阿里巴巴的创始人马云早就先觉先知地认识到了大众智慧的陷阱，告诫所有的企业家不要完全依赖经济学家的预测，要相信自己的判断。

2014年12月6日，阿里巴巴创始人马云出席了浙商第五次会员代表大会，并在会议上发表了深刻的讲话。马云在谈及经济形势不佳时说，这几年他发现所有企业家都听信经济学家对未来的预测，这个时候企业家失去了原本的自信。他强掉抓住机会是浙商的一大优点，因此要相信自己的判断。他也重视经济学家的研究结果。他表示，他自己很尊敬经济学家，经济学家总结已知的，来发现商业模式，并以此来预测未来。然而，企业家才是经济形势变化的温度计，对未来市场的判断更加准确，对市场机会感知更灵敏。

马云的言外之意是，如果企业家一味地相信经济学家的预测这种大众智慧，企业的灾难就会来临。如果你相信经济学家预测的大众智慧，你就什么也不敢做了，企业就会关门大吉。可见，企业家在做商业决定的时候，不能被大众智慧所控制，要让大众智慧为我所用，只参考不依赖，要有“靠天靠地不如靠自己”的思维。

古语说得好，“过犹不及”。众筹项目的发起人需要警惕大众智慧的陷阱，适度借鉴大众智慧，一定不能省去自己的判断。所有的众筹决策，在参考大众智慧的基础上，务必经过深思熟虑的判断，以自己的判断为准，从而有效地规避大众智慧的陷阱，促成项目众筹成功。

第四章
做好众筹的五大关键要素

众筹融资不是一件容易的事情，但也不是一件不可为的事情。那些成功的众筹项目给了后来者无限的鼓舞，也给大家积累了一些做好众筹的经验。做好众筹有五大关键要素：第一，众筹一定要筹到投资者的心坎上去；第二，不会写项目计划书，就做不好众筹；第三，每次众筹都要让投资者感到物超所值；第四，别希望一次众筹就能让自己吃成个“大胖子”；第五，众筹就是预演和预售，做好做大还得靠后头。发起者掌握这五大关键要素，就能让众筹项目越来越靠近众筹融资成功的大门。

众筹要筹到投资者的心坎上去

许多创业者和企业都看到了众筹的商机，纷纷在众筹平台上发起项目。各个众筹平台中，项目多得难以计数，让投资者看得眼花缭乱。当你在众筹平台上拿着“喇叭”大声地喊“大家快来拿钱给我”时，需要扪心自问：“我的创意能够深深打动人吗？我的众筹筹到了投资者的心坎上了吗？”

众筹一定要筹到投资者的心坎上去，才能让投资者心甘情愿地把自己辛勤劳动赚的钱拿出来支持你的想法、梦想。

众筹要筹到投资者的心坎上，直白地说，就是你要有好创意，你的项目要激发投资者的情怀。回顾那些成功的众筹项目，莫不是拥有好的创意，都是众筹到了投资者的心坎上了。京东众筹平台上有一个众筹项目“5 000元众筹9折起买房”，就获得了众筹成功。

2014年12月份，远洋房产在京东众筹平台上发起了“5 000元众筹9折起买房”的项目，为2 047套房子，共众筹到1 000万元，总房款合计20亿元以上，最终获得了众筹成功。

远洋房产在乍暖还寒的房地产市场中，采用众筹模式，来促进房产销售，以9折的优惠价格，众筹到了投资者的心坎上，最后众筹到了1 000万元，并实现了20亿元的销售业绩。

中国的刚需购房者喜欢实惠的折扣和切切实实能拥有的权利，而远洋房产在众筹的过程中，明确告诉投资者参与此众筹活动可以享受“9折买房”，只要成为项目的投资者，人人都能获得享有九折的购房资格。一下筹到了投资者的心坎上去了，遂获得了投资者的积极支持，顺利预售了两千多套房子，轻松获得1 000多万元的进账。远洋房产用折扣来打动投资者，让每一位投资者享有折扣购房的资格，从而为投资者带来了实实在在的利益，遂打动了投资者，获得了众筹融资成功，在这次众筹中获得了巨大的实惠。一个活动，就实现了20亿元的业绩，这无疑刷新了线下的营销活动记录。

房地产众筹项目的成功，需要众筹到消费者的心坎上去，其他众筹项目亦是如此。众筹项目The Micro 3D打印机，在规定的时间内，最后获得了超过众筹目标金额近70倍的资金。

“The Micro 3D打印机”，在全球最有影响力的众筹平台Kickstarter上发起，项目发起者是美国马里兰州的创业公司M3D，众筹目标金额为5万美元，众筹初期就显示出强劲的融资势头，仅11分钟就完成了众筹目标金额，一天内就获得了百万美元的众筹资金。此项目众筹最后获得了340万美元的众筹成绩，成为Kickstarter众筹平台上的经典项目之一，更是该平台上2014年的一个成功的大项目。

“The Micro 3D打印机”是一款面向普通用户的小型3D打印机，是一款桌面准专业级3D打印机，主要用于家庭、教育领域。用户只需接上电源，从网上下载自己需要的模型，点击打印按钮，打印机就可以工作，很快就能看到直观的模型。

最打动人心的是价格，和The Micro 3D打印机同配置的产品售价349美元，而此产品为了让每个人都能够购买得起，将设备的价格定在199美元至299美元之间。在众筹融资的过程中，支持者出资199美元，就可以获得一台The Micro 3D打印机；而非支持者，也只需要299美元，就可以买到此设备。

据联合创始人Michael Armani称，该款3D打印机拥有高达15项创新技术，独创的微运动技术就是其中的一项。此打印机还有一个显著的优点，内置一个能够即时测量和矫正位置误差的传感系统，能够较准确地定位打印机喷头位置，使打印的精准度获得了极大的提高。

Micro 3D打印机没有发明之前，3D打印机价格都很昂贵，而且又重又大。于是，The Micro 3D打印机的团队进行大胆的创意，从而研发了一款体积小、重量轻的3D打印机，价格不到三百美元，让普通家庭有能力购买此设备，让发起者创业公司M3D普及3D打印机的梦想得以实现。我们可以很容易看出，创业公司M3D的此款打印机能够生产出来，是因为获得了大众的支持。创业公司M3D采用众筹的模式实现了众筹融资成功，从而有钱生产该产品。该产品以轻巧美观的外形、节能环保的性能打动了支持者，进而以199美元的超低出资额度，众筹到了大众的心坎上。大众极喜欢该产品，而且有能力出资199美元获得自己非常喜欢的3D打印机，从而创下了The Micro 3D打印机火速融资的奇迹，获得了超额融资的成绩。

成功的众筹项目，都向我们表明，要想众筹成功，必须要有好的创意；要想从陌生人那里获得创业的资金，众筹到项目的启动资金，你必须众筹到投资者的心坎上去，让投资者与你产生共鸣，加入到你创业的过程中，给予你资金上甚至精神上的支持。

想做好众筹，先学会写项目计划书

纵观那些成功的互联网创业家，他们都是擅长利用互联网的快速传播优势来积极推广自己的产品和企业，从而让自己的企业和产品在互联网上获得极高的曝光率、吸引用户的行家。用户喜欢你的产品，就会购买你的产品，就会在自己的社交圈主动宣传你的产品，你的产品就会得到更多的用户购买。俗话说："酒香也怕巷子深。"纵使你有好产品，你把它雪藏起来，也就无法让它实现商业价值。在众筹时代，即使你拥有卓尔不群的创意、创新的产品设计，如果不能让用户知道，也只能是一个想法，不能变成产品。你要想让自己的创意、设计变成产品，首先需要想办法众筹融资成功。要想众筹融资成功，就需要写好众筹项目的计划书。毫不夸张地说，不会写项目计划书，你就做不好众筹。

众筹是创业者获得创业资金的一个便捷渠道，我想没有哪个创业者会不想利用众筹融资渠道的。而项目计划书就是连接项目和众筹融资最重要的一个渠道。在决定采用众筹模式来获取资金的时候，项目发起者必须要深谙这样一个道理：不会写项目计划书，就做不好众筹。为了让自己的众筹融资顺利成功，项目发起者要学会写项目计划书。

商品众筹项目计划书与股权众筹项目计划书格式基本一样，股权众筹项目计划书比较复杂，项目发起者必须要提供财务、风险等数据。一份标准的众筹项目计划书如下页图所示。

众筹项目要想融资成功，项目发起者需要精心制作项目计划书。在制作项目计划书的过程中，需要掌握几个要点。一要详细地介绍项目。二要有效地把项目信息传播给用户，为此要制定有效的推广策略。三要展现自己的核心竞争力，如产品的显著特点，团队的优势，先进或创新的技术。四要有产品的进度。比如只是一个创意，还是有了产品模型，还是产品已经生产出来，即将上市。成功的众筹项目，有的能抓住其中的一个要点，有的能掌握多个要点。

图书出版类的项目*Catamaran Literary Reader*，在众筹前、众筹中，一直大力宣传项目信息，最后，在众筹平台Kickstarter上获得了众筹融资成功。

*Catamaran Literary Reader*是一个艺术性很强的季刊杂志，是由Catherine Segurson女士创立的，她是美国加利福尼亚州圣克鲁斯人，当初她创办该杂志的时候，为了拥有足够的经费，就在Kickstarter发起*Catamaran Literary Reader*杂志项目，顺利融资到了8 000美元，从而成功出版了她的第一期杂志。

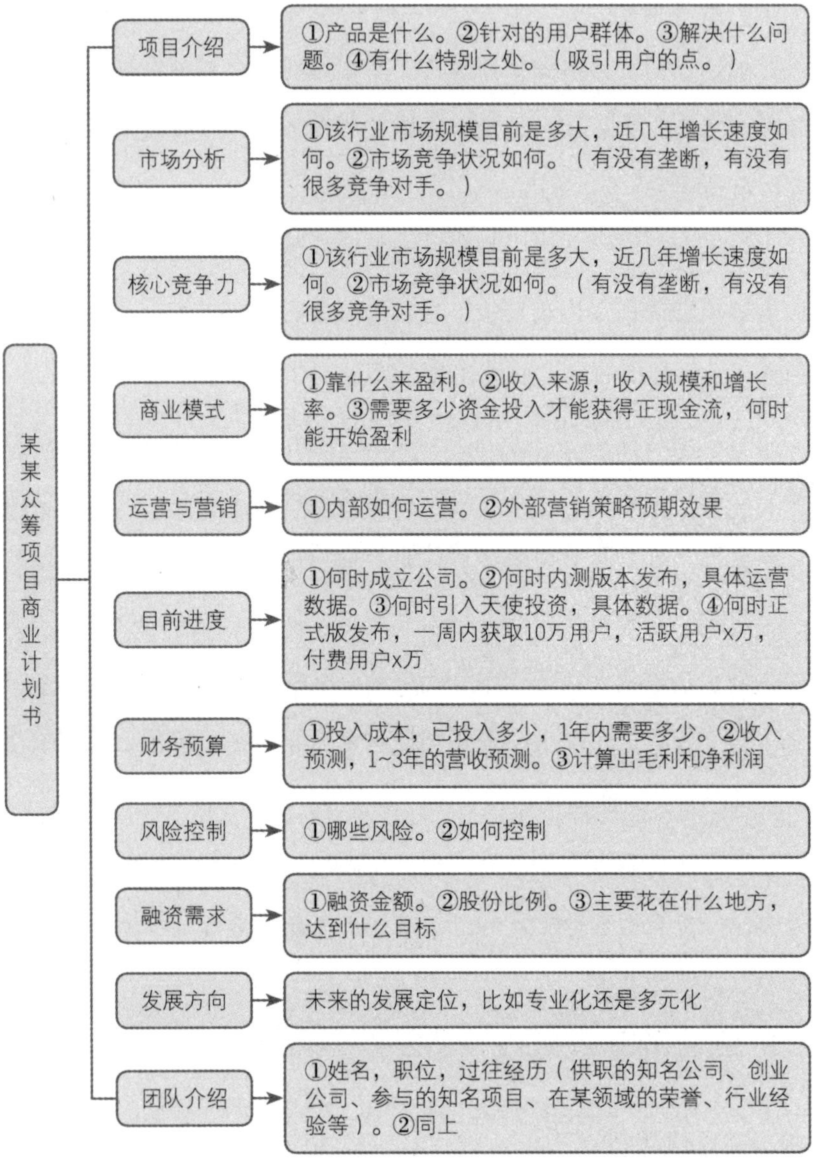

此次，她又在Kickstarter上发起*Catamaran Literary Reader*杂志项目，为杂志社众筹运营经费，众筹目标金额为25 000美元。第

一次众筹的时候，她一手包办了众筹的所有工作，其中包括撰写项目描述、搭建项目页面、设置回报方案等。此次，发起众筹项目她熟练地写好了项目计划书。为了能顺利获得资金，她深刻地认识到，只有确保项目信息被更多的人知晓，才会获得较多的支持者。于是，Catherine凭借自己多年的媒体从业经验，去找最专业的社交网络营销团队Vab Media，为*Catamaran Literary Reader*众筹项目，做线上线下的推广工作。

项目推出前，*Catamaran Literary Reader*项目的营销团队Vab Media就在众筹网上推出了杂志的宣传广告，旨在让一部分用户通过阅读电子杂志的方式，了解*Catamaran Literary Reader*项目，同时通过大量发邮件发起病毒式的广告推广，从而把项目的信息广泛地传播出去。项目的营销团队还充分地利用了社交网络的这个推广渠道，在著名的社交网站Twitter上，展开了“吸粉”工作。营销团队还加大了*Catamaran Literary Reader*官方账号的经营力度，让该账号保持24小时高频更新，同时还与网络红人、艺术家、作家互相关注，从而在短时间内，实现粉丝数量直线上升。

除了大力做推广工作，营销团队还美化了项目在YouTube网站上的页面，上传了优美的视频。营销团队充分发挥自己在社交网络中的资源，邀请了一些知名公司的创始人和社会名人，在社交网络中给予项目好评和支持，从而让杂志社借助名人效应获得了一定的知名度（该杂志社知名度不大）。

*Catamaran Literary Reader*项目上线之后，新增的粉丝都被

吸引到了众筹平台Kickstarter上。他们认真地浏览项目的信息、进度、回报，在名人好评、优美视频的狂轰滥炸中，被项目打动了，从而果断出资支持项目。最后，项目获得了102位支持者，成功众筹到25 000美元。

*Catamaran Literary Reader*项目的发起者Catherine，非常重视项目的计划书。她在众筹的过程中既娴熟地撰写项目计划书，还非常重视项目前期的营销工作，邀请了专业的营销团队为项目做高效的推广工作，从而为项目吸引了许多粉丝，让更多的人知道了众筹项目的信息，并提高了该杂志社的知名度。在众筹开始的时候，有投资意向的用户，仔细了解了项目后，就立即支持项目，从而推动了项目的进程，最终促成了项目融资成功。

其实，对于没什么知名度的企业和创业者来说，在众筹平台上发起项目，想获得陌生人的支持，是件很有难度的事情，但也并不是完全没有机会。这个机会，就需要发起者自己创造。发起者要会写项目计划书，把自己的好创意、好设计如实地描绘出来，并宣传出去，让更多的人知道，吸引到更多志同道合的人，这样才有可能获得陌生支持者的出资，才可能获得梦寐以求的众筹融资成功。

众筹要让投资者感到物超所值

互联网众筹是一种新的商业模式，众筹项目得以进行、得以成功，必须要让发起者与投资者都能获利。如果项目发起者没有利益他们是不会花费大量的时间精力去规划项目、制作项目视频、推广项目的；如果投资者得不到自己需要的回报，他们绝不会把自己的血汗钱打了水漂。在众筹平台上发起众筹项目的创业者和创业企业，莫不想获得众筹成功，即使那些并不缺钱的企业也想获得众筹成功。因为众筹成功不仅会给项目带来一笔资金，更证明了项目的商业价值，还可以为项目吸引来专业的投资机构。总之，众筹融资成功，是每一个发起者执着追求的目标。发起者要想最大可能地实现这一目标，就要做到每次众筹都要让投资者感到物超所值。

那些能够超额完成众筹目标金额的项目，大多数能够让投资者感到物超所值。The Micro 3D打印机非支持者需要299美元抢购，支持者只需要199美元就可以获得，可以少花100美元。三个爸爸儿童专用空气净化器众筹项目中，三个爸爸儿童专用空气净化器高达卫士型市场价4 999元，而支持者仅需3 499元即可获得，支持者可以少花1 500元，在雾霾笼罩中，有经济能力的家庭大多需要空气净化器的。而且在所有的众筹项目中，投资者都会最先收到产品，具有使用产品的优先权。这对于需求该产品的用户来说，是千载难逢的投资机会，抓住此机会就会获得物超所值的产品。众筹项目The Micro 3D打印机、三个爸爸儿童专用空气净化器的发起者，给投资者带来了物超所值的感觉，从而成为众筹史上经典的项目。

最近，国内知名的众筹平台京东众筹平台上，上线了一个众筹项目“大可乐3手机”，让投资者感到了巨大的物超所值，再次刷新了众筹纪录。

2014年12月9日，创业公司云辰科技联手京东众筹，发起了众筹项目“大可乐3手机”，众筹目标金额100万元。众筹时间为2014年12月9日至2015年01月08日前。众筹资金共四档，第一档，1元，限额5 000名，其中3名有机会以1元专属价获得大可乐3手机1台，8核64位蓝宝石材质屏幕手机，以最顶级的硬件配置重新定义千元旗舰机。第二档，1 499元，限额7 000名，会获得“梦想合伙人”的称号，1台大可乐3手机，享受每年免费更换1次大可乐新款旗舰手机的特权。第三档，1 599元，限额2 000名，会获得“梦想合伙人”的称号，大可乐3手机套装一套（官方标配+超值150元的官方配件礼包），享受每年免费更换1次大可乐新款手机的特权。第四档，

72 500元，限额20名，会获得“梦想合伙人”的称号，获取50台大可乐3手机，相当于每台手机又优惠49元，所有手机均享受每年免费更换1次大可乐新款手机的特权，并可优先成为大可乐手机区域合作伙伴。该手机预定的市场价为1 499元。

该项目12月9日中午12点正式上线，一分钟内获得了100万元，12分钟就获得了1 000万元，25分钟就众筹到了1 650万元，各个筹资档位都满额了，从而结束了原来预定的一个月的众筹时间。该众筹项目在国内众筹界创新了两项纪录，一是最高众筹金额纪录，一是最快众筹速度纪录。

该项目迅速成了媒体关注的焦点，大可乐3手机的创始人丁秀洪，面对记者采访说：“我认为众筹首先是筹智，筹集集体智慧；然后是筹品牌传播，小品牌没法砸钱做宣传，也没法养水军，我们将聚集梦想合伙人的力量做好宣传。然后才是筹资。”他还强调“我们此次众筹的是‘梦想合伙人’，我们的合伙人不是买手机，而是成为终身‘梦想合伙人’。”

“大可乐3手机”项目的发起者创业公司云辰科技，在众筹的过程中，想方设法让投资者感到物超所值，首先产品的价格很超值，国内同等配置的手机不低于1 799元，而“大可乐3手机”的市场价仅为1 499元。在设置项目回报的时候，更让投资者感觉到了物超所值，投资一元钱，即有机会获得价值1 499元的“大可乐3手机”；投资1 499元，可获得1台大可乐3手机，享受每年免费更换1次大可乐新款旗舰手机的特权，还有“梦想合伙人”的称号。投资72 500元，除了可以享受以上特权，而且每台手机又可优惠49元，最心动的是可优先成为大可乐手机区域合作伙伴。该众筹让出资1 499元即以上的投资者，都获得了做梦都没有想到的物超所值“享受每年免费更换1次大可乐新款旗舰手机的特权”，让投资者花一个手机的价格，年年能免费用上新手机。这是手机界从来没有过的事情。“大可乐3手机”众筹项目不仅创下了众筹奇迹，还创下了营销奇迹，带给了投资者前所未有的物超所值。

“大可乐3手机”项目众筹融资成功，发起者不仅获得了千万资金、赚足了眼球、赚足了人气，更给众筹的后来者们，摸索出了一个获取众筹融资成功的妙招。项目发起者，能在每次众筹的过程中，为投资者带来物超所值的回报，将会大大提高众筹融资的成功概率，甚至获得超额融资的惊喜。

一次众筹不等于一劳永逸

众筹已经在国外发展了五年，在国内发展了三年，众筹平台遍地开花，并在竞争中不断提升自己的服务，许多创业者和创业企业发起了众筹项目，大多数项目“石沉大海”，只有少数的项目凭借精心的谋划，幸运地获得了众筹融资成功。那些失败的众筹项目，给了众筹后来者一个深刻教训：别希望一次众筹，就能让自己吃个“大胖子”。

南非的一个创业公司Canonical，在全球著名的众筹平台IndieGoGo发起了众筹项目“Ubuntu Edge手机”，设置了巨大的众筹目标金额，尽管众筹进行得风风火火，吸金能力也很强劲，但是，最终发起人却众筹融资失败了，没有获得分文众筹资金。

2013年7月Canonical公司为其自有品牌手机Ubuntu Edge在IndieGoGo众筹平台上发起筹款活动，众筹目标金额3200万美元，筹款时间31天。Canonical公司在众筹第一天给Edge手机的单价仅为600美元，此后的价格都为830美元。

Canonical公司把Ubuntu Edge手机定位为“超级手机”，发起者声称该手机是在真正“融合计算”上的尝试，将智能手机变成PC的神经中枢，是一个“针对发烧友和计算机专业人士的小体量、高科技平台”。Canonical公司还说该款手机致力于“加快新技术的采用和主流化”。Canonical公司的这一创意，受到了发烧友的疯狂追捧。然而，Canonical公司对Edge手机的吸引力评估过高，也夸大了群众对该手机的喜爱指数，于是设置了庞大的众筹目标金额。

该项目刚刚发起时，投资者疯狂地出资，开创了强劲的融资势头，在24小时内吸引来340万美元的众筹资金，之后，投资者的热情逐渐降温。

到了众筹截止日期，总共众筹到的资金突破了1 280万美元。该筹款金额超过了Kickstarter上的众筹项目Pebble智能手表最终融资金额1 026万美元，成为该项目众筹截止日期之时固定筹款项目中众筹资金最多的产品。但是，发起者过于自信，不仅目标金额设置得高，还选择了“刚性计划”，即在规定时间内，众筹不到目标金额，就宣布众筹失败，已经众筹的资金由平台运营方返还给支持者。“Ubuntu Edge手机”项目最后没能众筹到3200万美元，宣布失败，把筹到的1280万美元返还给了支持者。同时该项目超强的吸金能力，让IndieGoGo众筹平台在媒体上获得了很高的曝光率，更让IndieGoGo众筹平台获得了与众筹平台龙头的Kickstarter挑战的底气。

“Ubuntu Edge手机”项目轰动一时，还被人们称为众筹史上“最成功的”失败众筹案例。

Canonical公司发起的“Ubuntu Edge手机”未能获得众筹融资成功，显然受累于他设置的超高目标金额。众筹平台上一千万的成功众筹项目寥寥无几，百万以上的都算大规模的众筹项目。而且在众筹平台上的投资者，往往是有点闲钱的工薪阶层，他们更在意的是好玩、获得自己需求的产品，真正的天使投资者不会通过这样的渠道来给发起者的项目投资，因为，大多数众筹项目的回报比较低，还局限在产品的范畴内。“Ubuntu Edge手机”项目的发起者Canonical公司原本想一次众筹就让自己吃成胖子，结果却未及众筹目标金额的一半，众筹融资惨败。如果该项目的发起者能分步来众筹，或许会获得截然相反的结果——众筹融资成功。

Canonical公司发起的众筹项目“Ubuntu Edge手机”宣告失败，给那些想通过一次众筹获得项目所有费用的发起者泼了一盆凉水，让他们头脑得以清醒，看清众筹的实质。众所周知，众筹融资是获得项目的启动资金，而不是全部资金。如果你的项目周期长，需要的资金巨大，你又无法获得专业的投资机构的投资，只能通过众筹平台这个融资渠道获得，也不能把众筹的目标金额设置得太大，太大往往会让你的众筹项目惨遭滑铁卢，从而增加下次众筹的难度。

如果你只能通过众筹获得项目资金，需要降低众筹融资规模，降低目标金额。分期进行，可以让你的众筹规模变小、众筹目标金额变小。众筹有一个公开的秘密，设置众筹目标金额“宁可低就，不可高攀”。目标金额小了，容易众筹成功。众筹项目只有成功了，发起人才能获得资金，纵然这笔资金额度低，有总比没有好，而且众筹融资成功，足以说明你的项目具有一定的商业价值，还有可能为你的项目吸引来专业的投资机构，获得意想不到的投资。

众筹项目“游戏《Mighty No.9》”通过降低众筹目标，分步来进行众筹，从而获得了400%以上的众筹资金。

2013年10月，日本资深游戏设计者稻船敬二，为自己的游戏《Mighty No.9》，在众筹平台Kickstarter上发起了众筹活动。游戏《Mighty No.9》的基础版本需要90万美元的启动资金，最高版本则需要350万美元的启动资金。他经过再三思考，最后把众筹目标金额定位在了90万美元。

该游戏是一款经典的横版冒险过关游戏，主角是Beck，游戏的主要内容是病毒感染了除了主角的所有机器人，主角要闯关打倒暴走的Boss们。该游戏的发起人在众筹过程中，采用阶梯式的众筹总额决定游戏的版本，他向支持者允诺，众筹到的所有资金将全部用于游戏开发。如果众筹资金突破了250万美元，项目的设计团队优先在开发PC版的同时开发PS3、WiiU和Xbox360版；如果筹资金额超350万美元，项目的设计团队就会开发PSV/3DS版。此众筹策略，让前期的投资者主动奔走相告地宣传项目，为项目带来了更多的投资者，从而让项目获得了更多用户的出资和支持。该项目在众筹平台上发起的四天内，众筹资金就超过了110万美元，在项目众筹结束的时候，该项目获得了67 226名支持者，众筹到了384.5万美元，成为Kickstarter众筹平台上的成功经典案例之一。

众筹项目“游戏《Mighty No.9》”的发起者凭借自己对众筹和游戏玩家的了解，理智地把众筹目标金额设置成最低级别90万美元，然后在项目的宣传中，采用了阶梯式筹资总额决定游戏版本的策略，向支持者允诺众筹到250万美元开发较高的版本，众筹到350万开发最高的版本。这样的宣传不仅让自己的项目比较容易众筹成功，而且充分地调动了前期投资者的支持热情，让他们积极主动参与到了项目的宣传中，为他们喜欢的高级版本努力吸引更多的支持者。最后令发起者和投资者都欣喜若狂，该项目众筹到了384.5万美元的巨资，足以开发出游戏的最高版本。

在众筹的过程中，众筹发起者要理智地认识众筹融资的局限性：融资规模普遍低，成功率也不到一半。在这些残酷的事实面前，不能盲目乐观，一定要保持理智，“不要希望一次众筹就让自己吃个胖子”。发起者一定要想方设法地促成自己的众筹项目融资成功。项目发起者循序渐进地来众筹，就有可能完成自己的融资目标，使自己的产品顺利上市，获得丰厚的利益。

众筹项目的成功需要良好的后期维护

众筹的项目即使获得了众筹融资成功，仍然会有许多发起者无法生产出已经预演和预售过的产品，仍然有许多无法完成产品交付，这就是众筹过程中遇到的“跳票”现象。“跳票”现象严重损害到支持者的利益，也不利于众筹事业的发展。最近，不少众筹项目经常跳票，发起者不能在允诺的时间内把产品送到支持者手中，这不仅不利于创业企业，而且影响众筹平台的发展，会让众筹平台上的投资者失去信心，甚至离开。众筹平台上的智能硬件产品的“跳票”现象屡屡出现，让创业者或创业团队清醒地认识到，众筹就是预演和预售，做好做大还得靠后头。

众筹项目要完成，创业者要充分地利用好众筹平台这个全方位展现产品的舞台。为了在有限的众筹时间内，预演好项目，创业者都需要提前数月就开始编写项目计划书，编写创意的文字，制作精美的视频等资料，才能在众筹的平台上预演好项目。此外，还要充分利用众筹平台的预售功能，在融资的过程中努力预售更多的产品，获得尽可能多的生产产品所需的资金。项目预演精彩纷呈，就能吸引更多的准投资者前来关注，预演能展现出项目的商业价值，就能获得投资者的投票。项目预演，创业者需要把团队的业绩、产品、发展方向都展现出来，最重要的是要能充分地阐述项目的投资价值，并回答准投资者关心的问题。预演其实就是推广项目，让更多的人来了解你的项目。预演精彩，就能吸引到更多的投资者购买产品，实现火爆的预售，从而众筹到更多的真金白银。预演和预售做好了，就可能实现众筹融资成功。

预演和预售都有明确的目标。其目标包括推介项目、寻求风险投资、寻求合作伙伴、提升品牌形象、获得市场检验、降低产品生产风险、打开产品的销路等。实现其中的任何一个目标，对于创业者来说都是一笔宝贵财富。

预演精彩、预售火爆足以证明项目的潜力，就有可能吸引天使投资者主动找上门，创业者或创业团队从此不用再为资金匮乏而苦恼。发起者想把众筹的项目做大做好，就要高瞻远瞩，做好更长远的规划。在众筹融资成功后，立即投产，做好产品的配送工作、售后服务、产品改进、优化生产过程等工作。一个不断进取的团队，一个追求产品极致的团队，就会有机会做好做大。

创业者通过精彩的预演和火爆的预售，获得了众筹融资成功，此时千万不能有万事大吉的心态。这仅仅完成了项目的第一步，要想把项目做好做大还得靠后头，还有许多艰巨的任务等着你来做。

众筹融资成功了，项目的发起者获得了项目的启动资金、获得了一批支持者。创业者要想把项目做好做大，就要有效利用众筹资金，要把支持者当作朋友、当作合伙人，而不仅是一个购买者。为此，创业者需要花费巨大的精力，迎接更多的挑战。

创业者在向支持者交付产品的时候需要掌握两个原则。第一，切记不要延迟发货。众所周知，在商品众筹项目的过程中，发起者都规划了产品的进度，何时研发、何时生产、何时发货。为了不降低创业者的诚信，创业者融资成功，立即开始投产，准时发货。如果在发货的环节延迟了，就会导致产品不能在允诺的时间内达到支持者手中。一旦发货延迟，就会让企业惊慌失措。某创业企业，承诺在众筹结束10天内发货，事实上，由于工厂测试的时间严重超出预定的时间，导致发货时间推迟了3天，在超时的第3天，企业接到了来自全国各地的支持者的询问和投诉，让企业客服措手不及。第二，宁可选择贵而靠谱的快递公司，也不选便宜的不靠谱快递公司。创业者在发货的时候，选择快递公司，一定要深入了解各个快递公司的送货速度，优先选择送货速度快而准的快递公司，其次才考虑价格。送货速度及时，就能增加投资者对企业的信任，送货遥遥无期，就会令投资者失望。一旦因为送货不及时造成支持者不信任企业，企业花多少钱也买不回来之不易的诚信。如果你为支持者多花几元快递费，就能增加支持者对你的信任，何乐而不为呢？一旦发货时间延迟，就会让支持者不能及时收货，再遇到不给力的蜗牛快递公司，企业在众筹中建立起来的品牌形象，就会被毁掉。所以，创业者准时发货，并选择靠谱的快递公司，对提升企业的品牌形象至关重要。

企业众筹融资成功，获得了第一批用户，即支持者。支持者在使用产品的过程中会积极反馈使用情况。支持者会主动把使用产品的问题反馈出来，热心的支持者更会提供一些有价值的建议。这些用户的反馈意见，是企业做好产品做大公司的依据和动力。企业认真研究这些用户反馈的数据，立即改进产品，就能把产品做得更好。产品做好了，就会获得丰厚的收益，创造更多的财富。从而，有可能吸引专业的投资者青睐，吸引到更多的合作伙伴，为企业的发展解决后续的资金问题。毫不夸张地说，第一批用户，是创业企业的宝贵财富。

创业者要把首批用户，即支持者，当作朋友、未来的合作伙伴。为了和支持者建立密切稳定的关系，创业者要经常与支持者沟通互动。创业者要主动地向支持者汇报项目的进展情况，主动邀请支持者参与到项目的发展过程中，让支持者获得充分的参与感。这样能够让支持者对项目和企业产生更大的信心，为企业的再次众筹打下坚实的基础。

众筹只是创业者或创业公司的预演和预售，企业要做好做大，还需要付出更多。企业需要经营众筹中积累的诚信，不能允许自己犯“无法兑现承诺”的错误；企业需要与支持者建立长期稳定的友好关系，需要经常与支持者互动交流，把支持者发展成企业的代言人、合伙人和未来的投资者。如果企业拥有成千上万名投资者和形象大使，想不做好做大都不可能。

第五章
企业不会玩众筹，就会错失亿万商机

众筹是一种创新的商业模式，众筹能让你的企业收获意想不到的融资、推广等方面的惊喜。众筹将为你的企业带来无限的发展机遇，让你的企业有机会势不可挡地冲进世界知名企业行列，让你有机会成为下一个耀眼的亿万富翁。毋庸置疑，在互联网众筹浪潮中，不会玩众筹，企业就会错失亿万商机。

电影众筹：快男掀起粉丝众筹的新玩法

互联网浪潮迅猛地涌入电影行业，冲击着传统的电影规则，让越来越多的创业者有机会分享电影市场的蛋糕。粉丝经济，让电影的拍摄风险大幅度降低，打破了电影公司独享电影票房的格局。互联网众筹商业模式的出现，很快与互联网粉丝经济结合，产生了一种新的众筹玩法——粉丝众筹。影视类众筹项目快男电影，率先采用粉丝众筹模式，为该电影筹得了拍摄资金。

目前，电影众筹主要有三类。第一类是专业众筹平台运作的，主要向影迷和粉丝众筹，影迷和粉丝就是支持者。第二类是像金融客咖啡首席架构师杨勇先生所倡导的众筹模式。这种众筹方式主要特点是：只做圈内众筹，然后在圈内引起关注；众筹项目金额很大，每个项目都突破了3000万元；项目涉及的行业广泛。这种模式最大的特点是做熟人众筹。第三类是互联网巨头百度、阿里巴巴等为代表的电影众筹方式，众筹范围更广，众筹目标金额高，更接近理财产品。而快男电影属于第一类电影众筹，主要面向导演、演员的粉丝众筹资金。

波澜壮阔的众筹浪潮为各行各业的创业者带来了融资的新渠道。娱乐界“那世界全球巡演”、电影《美眉校探》、纪录片电影《Inocente》等项目都采用众筹模式获得了巨大成功。特别是纪录片电影《Inocente》采用众筹模式获得了奥斯卡大奖，激励着越来越多的娱乐创业者试水纪录片电影众筹模式。中国的纪录片电影商业价值一直难以实现，在商业院线地位很低。中国的娱乐公司一直想测试纪录片电影的市场，众筹给他们提供了机会。

湖南卫视与天娱共同打造了一个金牌娱乐节目《快乐男声》，其中的偶像都有大量的粉丝支持。2013年9月27日《2013年快乐男声》决战在即，国内影响力最大的众筹网与天娱合作，推出《快乐男声》主题电影众筹项目，拍摄《快乐男声》纪录片电影。天娱发起《快乐男声》电影项目，被誉为商业院线的“试金大战”。

《快乐男声》主题电影众筹项目，发起者是天娱，平台运营方是众筹网，众筹目标金额为500万，众筹时间2013年9月27日至2013年10月17日，众筹的支持者主要是快男粉丝。出资的档位有40元、60元、1200元等，项目的回报都是电影门票，出资40元，可获得一张电影门票；出资60元可以获得一张电影门票，和一张首映礼入场券；出资1200元可以获得20张电影门票和20张首映礼入场券。

天娱传媒之所以要把项目众筹目标定为500万，凭借他们多年的娱乐市场经验，如果不能快速众筹到500万，说明该电影没有市场，就不值得冒险继续下去。为此，天娱与众筹网定了一个“赌约”。天娱说：“如果20天能够众筹到500万，天娱就会承担其余资金，拍摄快男主题电影。如果达不到500万，此事就不用谈了，肯定没有市场。”

《快男电影》在众筹网上高调上线，并获得强势的众筹过程，距离众筹截止日期还有24个小时的时候，该项目就实现了500万的众筹目标。最后，快乐男声主题电影成功众筹到了501万，得到了2万多名支持者，获得了众筹融资的成功。快男电影进军商业院线成了板上钉钉的事情，预示着快男的粉丝们支持偶像的梦想即将实现。

粉丝众筹测试纪录片电影的市场

纪录片电影的市场一直不火，很多内容优秀的纪录片，在商业院线屡屡遭遇滑铁卢。天娱传媒与湖南卫视打造的金牌娱乐节目《快乐男声》在娱乐圈持续火爆，在《快乐男声》总决赛的巅峰时刻，众筹网与天娱传媒携手做快乐男声电影，想借助该娱乐节目的余热，试水中国纪录片电影市场。

早在快男电影项目发起之前，天娱传媒就聘请了知名的摄影团队来记录快乐男生比赛的精彩过程，其中包括海选、二十强、十强、复活赛的台前幕后。天娱拍摄的快男纪录影片，起初是为了作为内部资料使用。随着快乐男声的节目不断蹿红、粉丝的喝彩越来越响亮、粉丝经济打造的电影《小时代》票房成功，让《快乐男声》的投资方天娱产生了新的想法。这个想法就是借助粉丝的力量或许可以把纪录片推上商业院线的大屏幕，让观众在电影院里观看这档火热的娱乐节目《快乐男声》。该想法得到了众筹网的赞同，于是天娱与众筹网共同推出了一个新的项目——快男主题电影。

天娱很了解快男的粉丝情况，众筹网熟悉众筹模式和功能。众筹网的众筹模式甚至可以为电影吸引关注、可以为电影测试市场、可以为电影众筹到资金，从而让天娱产生了拍摄快男电影的念头。天娱拍摄快男电影，最想了解的是该电影的市场反应。而在众筹平台上发起项目，不仅让发起者可以获得真实的市场调查报告，而且成本很低，没有哪个项目发起者不愿意获得低成本的市场调查报告。

天娱在众筹上发起快男电影项目，很快就得到了快男粉丝的慷慨投票，最后顺利众筹到了500万元启动资金。可见，该主题有一定的市场需求。天娱按照原计划，开始拍摄此影片。

通过众筹测试粉丝市场

天娱之所以产生拍摄快男电影的想法，就是看到了快男粉丝高涨的热情和需求。快男的粉丝们大部分愿意走进电影院观看自己偶像的精彩比赛过程，于是他们毫不犹豫地出资。尽管，众筹网一再向粉丝支持者提醒，众筹有风险，即使快男电影众筹融资成功，也有可能遭遇其他原因不能拍摄成电影，投资者将会遇到回报无法兑现的风险，出资有可能打水漂。众筹网还鼓励支持者与项目发起者深入交流，了解该项目的风险。面对快男电影的风险，粉丝支持者并不担心回报无法兑现。他们更多地关心电影上映时间、首映礼举办的相关问题，并积极与发起方交流互动。可见，粉丝很期望在电影院观看该影片。

通过众筹测试粉丝的力量

众所周知，娱乐节目《快乐男声》已经拍摄了好几届了，并持续了四五年以上，快男粉丝的热情是否不减当年，还不得而知，还有粉丝的购买能力也是未知数。快男电影的发起者也带着这样的问题，开始玩起粉丝众筹，掀起了商业院线“试金大战”。

快男电影2014年暑期上映，票房大败，仅获670万。然而，快男电影却获得了不错的口碑，2014年9月举行的第39届多伦多国际电影节上，该电影获得了“人民选择奖”和“人民选择纪录片奖”两项提名。快男电影票房失败，反映了快男热度已过，掉粉严重；也反映了快男粉丝的购买力无法让纪录片电影短时间内在商业院线取得一席之地。

电影采用粉丝众筹模式可以获得资金和营销效果，但是电影仅仅为了资金和营销而众筹，不一定会成功，采用粉丝众筹模式之前一定要精心编好电影的内容、讲好电影故事，否则不仅本次电影票房会失败，而且会让自己的信誉度减分，增加下次众筹的难度。电影要获得商业价值，必须内容为王，做不到内容为王，你或许第一次可以依靠粉丝的贡献获得一笔收益，但是你这笔收益是透支粉丝的信任获得的。俗话说，欠下的迟早要还的。你迟早要还给粉丝，如果你还不上，就会遭到粉丝的抛弃，到时候会追悔莫及，再想建设自己的粉丝队伍比登天还难。为了不给自己的事业设置障碍，请珍惜你的粉丝，不要挥霍你宝贵的粉丝财富。

记住，在互联网浪潮中，得粉丝者得天下。电影的创业者们，借助粉丝力量创业，采用众筹模式创业，毋庸置疑，可以增加创业的成功概率。快男电影，这种粉丝众筹玩法，目前虽然还不成熟，但随着粉丝众筹模式的逐渐成形，将会为资金匮乏的影视创业者带来无限希望。

营销众筹：乐视网签约C罗

互联网众筹除了拥有众筹资金的功能，还有推广项目营销的功能。绝大多数企业、创业者采用众筹模式，都是为自己的商业项目众筹资金，但是众筹领域也出现了一些“醉翁之意不在酒”的项目发起者，他们在众筹平台上发起自己的商业项目，不是为了众筹资金，而是为营销企业，提升企业的品牌形象。“乐视签约C罗”项目大快人心地获得了众筹成功，成为众筹时代营销众筹的经典案例。

国内知名的视频网站乐视网也采用众筹模式，并且变着花样地玩众筹，用互联网思维玩转众筹、用粉丝经济玩转众筹。虽然褒贬不一，但是它却创新了众筹的玩法，第一次用众筹来为企业营销，并取得了良好的营销效果。

2013年3月28日，乐视网在众筹网上发起了项目“一元钱，乐视帮你签C罗”。

项目发起者：乐视体育。

众筹平台：众筹网。

众筹目标金额：10 000元。

众筹时间：2014年3月18日至3月24日。

项目详情：2014年世界杯期间，乐视体育联手众筹网推出许多与世界杯主题相关的众筹项目，“一元钱，乐视帮你签C罗”是其中的一个项目。

此项目众筹门槛很低，支持者出资一元，便可支持C罗成为乐视的代言人。此项目的规则是，必须需要10 000名支持者支持，并且达到众筹目标金额10 000元。

要达到10 000元的目标金额比较容易，但是，要一万名支持者参与却令项目的难度系数猛增。这个痛点，正是乐视玩转众筹之处。解决掉这个痛点，乐视就和支持者实现了共赢，乐视达到了营销的目的，支持者就会有机会与C罗见面。

乐视是以世界杯体育项目来吸引支持者，借助C罗的魅力来打动支持者投票的。C罗何许人也？C罗是足坛的明星、足球界的大腕，至今荣获了许多足球比赛的“冠军”。C罗获得了英格兰足球超级联赛冠军、世俱杯（国际足联世界俱乐部杯的简称）冠军、欧洲冠军联赛冠军、欧冠最佳射手、英超最佳射手、世界足球先生等荣誉。C罗在足球领域取得了辉煌业绩，他以1.01的进球率成为皇马历史上进球率最高的球员，摘获了2013年国际足联金球奖；2014

年巴西世界杯，他率领葡萄牙挑战冠军至尊宝座，给球迷带来了无限的期待。

全球的足球迷，莫不想与C罗见面。但是，绝大多数的中国球迷无缘与C罗见面。乐视发现了中国球迷的需求，于是发起了“C罗带你到巴西”的众筹计划，给中国的球迷创造一次与C罗亲密接触的机会。为了执行这个项目计划，乐视规划三步来完成，第一步代言众筹，第二步纪录片众筹，第三步中国行众筹。而“一元钱，乐视帮你签C罗”是其中的第一步，也是首个众筹项目。

“一元钱，乐视帮你签C罗”的回报方案：只要有一万名支持者，并且每人最低投一元人民币，乐视网就会支付剩余的代言费，帮助足球爱好者签约C罗做乐视的代言人。众筹融资成功，乐视网会送给支持者一份乐视会员专属套餐，该套餐有两个好处：一是，用户可以看一个月没有广告的乐视全网节目；二是，可以获得一张乐视网网络观影券，凭此券可观看一部乐视网收费电影。出资1元的支持者可获得如上回报，出资5元的比出资1元的多4张观影券，出资10元的支持者比出资1元的多得9张观影券，以此类推。

C罗优异的足球成绩，使他成了世界上足球爱好者顶礼膜拜的偶像。中国球迷也不例外，疯狂地追捧C罗。由此，C罗在全世界范围内获得了一批铁杆粉丝。做足球节目，签约C罗，毋庸置疑，会有爆棚的点击率。有C罗的地方，就能吸引眼球，就会获得很高的关注，甚至成为焦点。

乐视网此次推出世界杯众筹项目，我们可以看出乐视有两个出发点。一是为了满足广大用户对世界杯的需求，二是为了提高乐视网的收视率，更多的是乐视的一次营销活动。此次活动的亮点是用众筹模式玩转世界杯、玩转商业营销。

明星代言，是商家惯用的营销方式，但是此次乐视想签约C罗代言，难道是想向大众筹集部分代言费？显然，10 000元的代言费与总代言费相比简直就是九牛一毛。乐视众筹部分代言费，显然不是他的目的，大家都知道乐视网并不差这一万元，而且乐视网在发起这个众筹项目的时候应该已经谈妥了关于“请C罗为乐视网代言”的事宜。众筹项目，仅仅是其宣传该商业活动的一种途径。

乐视此次开创众筹营销方式，我们可以发现众筹营销具有一定的优势，同时也产生了一些副作用。

众筹营销的优势

众筹具有筹集资金和营销的功能，而此次乐视签约C罗项目，看重的是众筹的营销功能，同时也获得了一笔资金，不失为一石二鸟的营销高招。众筹平台上本身就聚集了数量庞大的用户，在众筹平台上发起项目，毫无疑问可以把乐视网推荐给众筹平台上的用户，能够为乐视网带来一批有效用户。据悉，乐视网发起“乐视网签约C罗”项目，为乐视网新增了10万多用户，为乐视世界杯期间的世界杯体育节目聚集了人气。

通过众筹模式营销乐视网的世界杯节目，可以获得用户的互动，可以为乐视网建立一批粉丝，无疑提高了乐视网的知名度。

“乐视签约C罗”，乐视提供的回报是乐视网会员专属套餐，是现成的资源，不用花费现金，众筹的成本相当低，最后获得了10 018元资金，311名愿意拿出真金白银的支持者，显然这些支持者是C罗的铁杆粉丝，并且会成为乐视会员。此营销事件，相比于投入，其产出很高，是一次超级棒的营销策划，当之无愧地可以称为众筹营销的经典案例。

通过众筹的模式，让用户与C罗产生了交集，调动了用户的参与感，为自己的偶像做事，使他们可以获得精神上的满足。通过众筹模式，乐视巧妙地把C罗的铁杆粉丝转化为乐视的粉丝。如果乐视网直接请C罗做乐视网世界杯期间的代言人。C罗的粉丝只会关注足球赛场上的C罗，世界杯结束，这些用户就会离开。但是采用了众筹模式，让用户加入到了乐视的商业营销活动中，让用户有一种促成乐视网签约C罗的参与感，感觉自己和乐视共同在做一件事情。即使C罗不再做乐视的代言人，他与乐视共同完成的事情却无法抹去，成为一种人生经历，会因此成为乐视的铁杆粉丝。

众筹营销的副作用

乐视网“乐视签约C罗”项目，在营销领域获得了巨大反响，也反映出了众筹营销的副作用。首先，这一项目弱化了众筹平台的融资功能，可能会减少众筹平台上的众筹项目和降低项目的目标金额，被不少人非议借助众筹网变相营销。其次，此模式被质疑透支用户。“乐视签约C罗”被用户吐槽参与感并不很强、体验也并未达到最佳，可能会透支“乐迷”对乐视的信任和情感。此众筹营销项目，启示利用粉丝经济开展营销活动的商家，要充分考虑粉丝的情感，杀鸡取卵的事情千万不要做，目光要放长远。

众所周知，移动互联网浪潮中，最火的除了微信就是众筹模式。乐视网把众筹模式运用在其营销活动中，引爆了互联网，极大地提高了其营销效果，创新了营销方式，吸引了成千上万的用户关注C罗和乐视网，提高了用户对乐视网的关注度，增强了用户对乐视网的黏性。乐视网因为此众筹活动，知名度得到了火速提升。可见，乐视网发起“一元钱，乐视帮你签C罗”活动，推广乐视网，达到了为乐视网的节目做营销推广的效果。乐视签约C罗，玩的就是营销众筹，开创了营销众筹的先河。

黑马运动会：开启主题活动众筹新时代

互联网众筹的玩法花样迭出，影响力越来越大。作为新融资渠道的互联网众筹，诞生之初其核心业务是募集资金，但是，到了今天，它的业务被不同的发起人不断演绎，成为发起者的宣传舞台、推广的阵地，而不仅仅是募集资金的途径。北京创业家传媒发起了一个众筹项目“黑马运动会”，成了2014年众筹的热门话题。

黑马运动会，一时红遍互联网，因为它开创了一种新的众筹玩法，开启了主题活动的众筹新时代。2014年3月，北京创业家传媒在时下最火的互联网社交平台——新浪微博上发起了众筹项目“黑马运动会”，这个运动会只有参与人数与时间是确定的：3 000名创业者一起参加2014年3月29日的运动会，别的都没有确定，比如队员、拉拉队、比赛项目等。为此，此项目在微博上一经公布，就被广大媒体和用户戏谑为“史上最不靠谱的运动会”。

2014年2月24日，北京《创业者》杂志（简称北京创业者传媒）的主编牛文文做了一个大胆而难度巨大的决定，并在其新浪微博上公布了。当天下午7点，北京创业者传媒编辑就开始在其官方微博上造势说“小编夜观星象，掐指一算，今晚会有大事发生……请亲们备好瓜子、花生、八宝粥；啤酒、饮料、矿泉水……精彩不容错过！”吊足了观众的胃口。

大约两个小时之后，即晚上9点多，北京创业者传媒主编牛文文终于把自己的想法公诸于世，在其官方微博上说“想在3月29日，举办一场让李彦宏、周鸿祎、徐小平都来参加的运动会，队员、拉拉队、比赛项目都未定，但是组委会向各位参赛者打包票，运动会的现场空气的PM2.5数值不超过75。”旨在打造一种健康、放心的运动会。随后，老牛还发微博表示，只要得到3 000位创业者的亲自参与，此运动会将会成功。黑马运动会众筹项目的微博信息，被老牛的个人微博最先转发，此后获得了10 000多次的转发，1 000多次的评论。

北京创业者传媒选择在微博上发起黑马运动会，借助最火的社交网络工具，使众筹项目的信息被快速广泛地传播出去，获得很多人的积极响应和参与报名，使黑马运动会得以顺利进行。

创业者传媒发起的此众筹项目，只有两项内容靠谱，一是运动会的时间：3月29日；一是参与运动会的人数：3 000位创业者，其他还是未知数。这些未知的领域，正是黑马运动会需要众筹的地方。

黑马运动会众筹项目，它的发起者是北京创业者传媒，众筹平台是新浪微博，现在要众筹运动会的运动员、运动项目、经费、拉拉队等。对于创业者运动员来说参会的经费，口袋里的零花钱都够了。但是黑马运动会，要求经费必须通过众筹的方式获得，增加了黑马运动会的难度，也增加了参赛者的乐趣，更激发了参赛者的参与激情。首先是3 000名创业者运动员需要众筹。其次是运动与参与运动会的经费需要众筹，还有运动会的规则和运动项目都需要采用众筹模式获得。

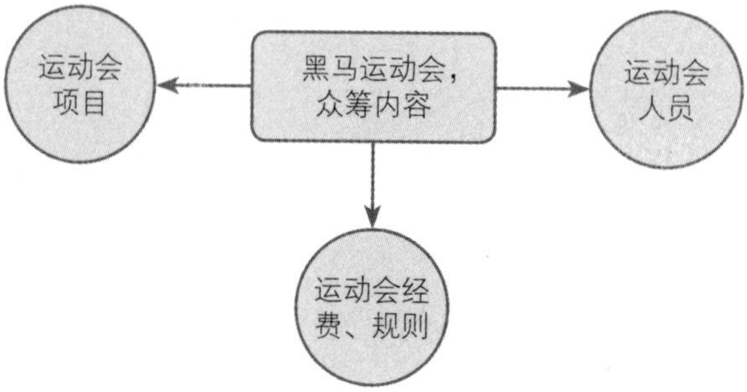

然而此运动会让那些说“不靠谱”的人都失望了，此众筹运动会调动了中国商界最活跃的力量，让3 000名创业者与投资人积极响应，它克服了超强大的困难，最终圆满召开。

黑马运动会众筹门槛很高，不是对运动会感兴趣的人就可以参与，必须是创业者、至少是企业高管，北京创业家传媒明确告知参与者，不要滥竽充数，他们会严格考察参与者的资格，一旦发现不符合资格，会果断剔除。

1.众筹3 000名运动会人员，爆棚的参与感

黑马运动会需要的运动会所有人员都需要通过众筹方式获得，比如运动员、裁判员、后勤人员、拉拉队等必须通过众筹获得。项目发起者北京创业者传媒给“黑马运动会”项目规划了3 000名运动会成员，这些人员必须通过众筹获得，在指定的网络链接上完成报名、支付，并由北京创业者传媒审核资格，必须是企业创业者、企业高管。项目发起者北京创业者传媒，在项目进行过程中，把这3 000名参赛人员划分成了八个行业，每个行业选择一位团长负责，团长负责招兵买马，每个团大约400名成员。团长为了便于管理，可以给自己的团队指定一名副团长、秘书长、新闻官、自己团队的训练馆、后勤官。团长负责众筹自己的兵马，最先完成众筹的团长和团队就能获得相应的冠军。

黑马运动会众筹过程只有一个多月的时间，要在短暂有限的时间内实现人员众筹成功，必须高效率地吸引支持者来参与。在运动会提议发出几天后，八大行业的团长人选就确定了。

黑马运动会的八大行业及代表团长

1.教育培训代表团，新东方联合创始人徐小平为团长

2.硬件与制造代表团，软银赛富亚洲创始人阎焱为团长

3.生物医药健康代表团，华大基因创始人汪建为团长

4.软件与信息服务代表团，58同城创始人姚劲波为团长

5.在线旅游代表团，探路者户外董事长盛发强

6.电商与消费代表团，依文服饰集团董事长夏华为团长

7.TMT（Technology，Media，Telecom）代表团，搜狗CEO王小川为团长

8.文化创意代表团，博洛尼集团创始人蔡明为团长

各位团长使出浑身解数，吸引创业者来加入自己的团队。团长们通过微博、微信在线上宣传黑马运动会的主题，及时更新项目的进展情况，邀请行业内的精英加入自己的团队。同时发挥自己在商场中多年积累的人脉，通过朋友的朋友来宣传黑马运动会信息，帮助自己拉人，并发挥自己的交际能力，向线下的社交场所的精英们伸出橄榄枝。团长的号召力很强大，让自己行业的精英们很快就加入了自己的团队，实现人员众筹成功。

这个过程中，团长在众筹人员时，不断确定自己的副团长、财务官、后勤官。当人员筹齐的时候，各位负责人都已经在自己的岗位上做出了优秀业绩。总之，越早加入团队的人，付出的精力越多。各位精英在百忙之中充满激情地投入黑马运动会，不仅见证了自己的人气、领导力、执行力，而且激发了行业精英们超强的参与感。三千名创业者倾情打造的运动盛会，这是花钱都买不到的机会、买不到的经验。此外，黑马运动会上还有大佬们的摔跤比赛助兴，并有一支美艳指数爆棚的女子沙滩排球队助阵。运队会上的精彩真的不容错过。

在大佬的宣传下，黑马运动会得以顺利进行，搜狗CEO王小川，在人员众筹的过程中与副团长杨守彬默契配合，一天就加满了500人的微信群，以其超强的号召力和执行力，率先众筹满了自己TMT团队成员。

2.黑马运动会的经费、规则众筹而来

北京创业者传媒宣布众筹的资金遵循“取之于民，用之于民”的原则，可见该项目的发起者并不是为了资金。他们的目的是什么？业内人士研究发现，北京创业者传媒承办黑马运动会，运用资源的力量，充分利用自己5年来沉淀下来的创业者资源，并采用时下最火的众筹模式，把这些创业资源进行了高度整合，服务于企业、商业，故能一吆喝就让商界大佬们积极响应。众筹资金全部用在每一位支持者身上，用于每个行业代表团队自行组织团队活动中；不用于组委会、不用于运动会筹备和当天的运动会主场上，这些费用由创业者组委会承担。

众筹的规则，每个团队众筹资金最少30万元，其中12万交付黑马组委会奖金池，用于运动会奖金，剩余资金作为组织活动经费。每个团队超过30万的资金，转为行业后续活动经费。每个团队自己承担28日晚上、29上下午各项活动的费用，具体费用包括场地、会场布置、会议资料、餐饮等开销。

黑马运动会众筹项目的筹资共分两个档位。第一档，500元，第二档，3 000元。这年头人一个比一个精明，谁也不会轻易就把自己

用血汗赚来的钱献给别人。况且黑马运动会向一批聪明绝顶的创业者筹集资金，难度系数更高，没有十足的理由、没有诱人的回报，这些创业者是不会为该众筹项目买单的。各位创业者为黑马运动会出资，可以获得运动会的参与权。出资500元的创业者，可以获得活动的参与权，还可获得主办方提供的运会期间的3顿餐饮、北京当地的交通费用。出资3 000元的创业者，在第一档回报的基础上还可以获得《创业家》旗下创业组织黑马会一年的会员资格，身份审核为创始人。

黑马运动会会员资格，因为3 000名创业者参与的运动会而变得含金量很高，拥有此会员资格，就可以获得与3 000名创业者面对面交流的机会。拥有这个会员资格，可以让创业者加入创业者交流互动的平台。

众筹资金具体由八个团队来完成，众筹资金最多的团队可以获得相应的奖励。于是，各个团队的团长和队员，都不遗余力地发挥自己的创业资源和人气，向支持者众筹，很多创业者借助网上一对一教授创业课程，获得了许多支持者的捐助，成功众筹到了足够的资金。

3.运动会的项目，众筹产生

一个多月的时间在各位团长、副团长的忙碌中飞速而过，黑马运动会召开的日期渐渐逼近，运动会的比赛项目还没有确定。通过众人的集思广益，先计划举办一场大众的、充满活力的竞技运动会，具体项目确定为常规的富有趣味的运动，便于各位创业者参与，最后锁定接力赛、拔河、摔跤、篮球这四种运动项目。

在筹备的过程中，创业者提议增加一项思想运动会，来体现创业主题，毕竟这是由三千名创业者参与的运动会，创业者千里迢迢地来到北京参加运动会，更看重的是这场运动会上的人脉资源，可以有机会结识到更多的商界精英，同时来展现自己的项目，获得商界精英的指点，思想运动会的过程就是商业项目众选的过程。增加思想运动会，让创业者们既享受运动会的乐趣又分享思想智慧，会让黑马运动会的内容更加丰富、有意义。最后，黑马运动会的项目就这样确定为竞技运动会和思想运动会。

竞技运动会，评选冠军代表团、亚军代表团、季军代表团各一个，奖金分别为36万、20万、10万（并列名次，平分奖金）。最后，王小川率领TMT团队获得了三金三铜，登上了各团队冠军宝座，获得了36万奖金。其副团长杨守彬高兴地说："一开始有人，就有了股东；接着研究怎么参赛，产生了商业模式；获得支持者出资，实现了众筹融资成功；最后'黑马运动会'犹如'小川团'的一次IPO（首次公开募股），我们敲钟了！拿下金牌犹如上市成功了！"

思想运动会的参与人员必须是出资3 000元以上的支持者，评选冠军、亚军、季军，奖金分别为15万、10万、5万。每个行业准备50个以上的创业项目，先由内部投资委员筛选最有潜力的五个项目，团队成员公开路演，选出一个最强的项目，与另外七个代表团队

PK。相当于八强比赛，要淘汰5个团队，选出三个团队，参加29日晚上的思想运动会总决赛。最后，文化创意团队的成员昆仑决一路过关斩将，荣获了思想运动会总决赛的冠军。昆仑决在众多的创业者中脱颖而出，并验证了其项目的商业价值，可谓收获巨大。

黑马运动会中有多个众筹活动。一个是北京创业者传媒、新浪微博平台、创业者组成的众筹活动；一个是团长、北京创业者传媒平台、创业者、啦啦队、运动会经费、运动项目、运动规则组成的众筹活动。这两个众筹活动同时有序进行，共同促成了黑马运动会。

黑马运动会是以运动会为主题的创业者交流大会。通过时下最流行的众筹模式，创新了创业者峰会，并且提高了会议的质量和趣味。北京创业者传媒举办了众筹模式的黑马运动会，使其创业服务链条上的产品更加完善，提高了其知名度，为其广告业务创造了丰富的资源。

黑马运动会，能够挖掘出最具成长潜力的黑马力量，能够增进创业者之间的学习与交流，能够帮助正在创业的企业快速成长，能够使创业者队伍不断壮大，能够历练出未来商业格局的领袖。

众筹模式，让黑马运动会这样的主题活动由“不靠谱”变得“不，靠谱”。众筹模式让商业交流会以运动会这样的主题展开，并充满趣味，得以高效率、高质量地进行。主题活动的众筹项目，以其独有的乐趣，将会受到越来越多的支持者青睐。黑马运动会，这样的主题活动众筹项目，丰富了众筹的内容，也标志着一种新的众筹玩法诞生了。

商学院众筹：开启广告新模式

众筹具有融资和营销的两大功能。中国众筹被称为“假营销真广告”，众筹不仅冲击着传统的金融，而且在以狂风扫落叶的方式抢夺着传统广告人的饭碗。于是，有远见的人士，高调地说“众筹是一场关于广告的葬礼”。越来越多的众筹项目，证明众筹具有强大的广告作用。最近，商学院纷纷玩起了众筹，并不是为了筹集资金，而是为了给自己的商学院做广告，取得了很好的推广效果。

商学院众筹项目的火热进行，让人们看到了一种独特的广告方式。显然，商学院众筹，引领着广告新风潮。

中欧商学院、快乐投资商学院都玩起了商学院众筹。其中，中欧商学院教授李善友发起的“商学院众筹学费”项目为中欧商学院做了一次免费的、效果超强的广告。

2014年2月，中欧商学院教授李善友开始为自己接下来的一期课程招收10名学员。

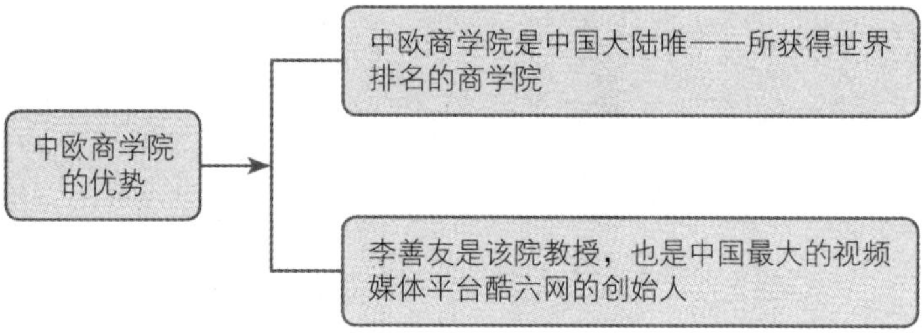

商学院和教授的知名度，深深地吸引着学员，李善友此次招生开启了一场用众筹改变商学院和创业教育的实验。

李善友的这次实验中有两条规定：一是仅招收10名学员，二是学员的学费，必须一半自费、一半众筹。也就是说，不差钱的商业人士要想被录取，必须要保证自己的一半学费是众筹而来。中欧商学院的此招生信息刚刚公布，就吸引了许多互联网界的明星创业者们关注，雕爷牛腩孟醒、黄太吉郝畅、易淘食张洋等纷纷参与了报名，但录取才是关键。由于“僧多肉少”，成功众筹学费的前十名报名者，才会被录取。这就让已经报名的名人们充满了紧迫感，他们纷纷在自己的微信、微博上众筹学费。他们阐述自己上中欧学院、众筹学费的原因，并承诺支持者，将会获得与自己亲自交流的机会，从而吸引了许多支持者。

易淘食的张洋在自己的微信朋友圈发了“众筹学费圆一个上商学院的梦想”“希望募集到11万元的学费上中欧商学院”等信息，并承诺支持者，将获得与他面对面的交流机会，吸引了他的很多粉丝出资支持，10天成功众筹到了11.8万元。于是，张洋如愿以偿地成为了中欧学院的学员。其他学员亦是如此，才得以实现上中欧商学院的梦想。

招生名额有限，许多创始人、创业者都想听此课程，但不是有钱就能听到此课程。该课程有一条明确的要求，学费一半自费、一半众筹，增加了大佬们听课的障碍。这是李善友专门为学院设置的一次考验，也正是中欧商学院为自己品牌形象做广告的突破口。

中欧商学院教授李善友，发起商学院众筹项目，吸引了许多互联网名人参与报名，因为设置了考验和名额限制，让这些名人充满了紧迫感并积极接受挑战。他们纷纷在自己的朋友圈、社交网络上发起众筹学费的信息，想方设法地打动自己的粉丝来为自己捐钱。当这些互联网名人在各自的社交网络中发起众筹学费的信息时，整个互联网中，都是关于中欧商学院和李善友的信息。因为那些名人在阐述自己众筹学费的时候，表达自己梦想的时候，必须要向支持者说明中欧商学院李善友的招生规则和中欧学院的介绍，这些信息就帮中欧商学院做了免费的广告，并让中欧商学院的信息一遍又一遍地被加强，让中欧商学院的品牌形象在互联网中得到了集中、快速的传播，中欧商学院的知名度在短时间内得到了火速提升。

想上中欧商学院的人大多数是互联网的创业者，如雕爷孟醒、黄太吉郝畅、泡否科技马佳佳、易淘食张洋等。他们最擅长的就是玩互联网，擅长利用社交媒体，擅长与用户互动，擅长推广信息等，而且他们都有自己的一批忠实粉丝。毫不夸张地说，他们在互联网上有一呼百应的号召力。他们想推广的信息，往往会以闪电般的速度在互联网中蔓延。你说，在这些互联网名人的推波助澜下，中欧商学院的招生规则和介绍的信息能不被用户知道吗？中欧商学院能不出名吗？这些互联网的创业者们如愿以偿地上了中欧商学院，李善友也为中欧商学院做了一次过瘾的免费广告。

商学院众筹能够引领广告新风潮，令人好奇不已。众筹是金融业，却抢了广告业的风头。只要熟悉互联网众筹的人士莫不知道，众筹平台既可以帮助企业、创业者融资又可以帮助企业做营销，为发起人的企业、创业者做广告，而且是一种大众中喜闻乐见的广告方式。互联网众筹平台本身就是企业、创业者形象展示的平台。

众筹平台的广告形式

通过大多数商品众筹的项目，可以看出众筹采用的是预售方式，与营销沾边。特别是众筹在中国蔓延，预售的痕迹更加明显，众筹的营销潜力不断被挖掘出来。中国式的众筹，被一些人戏谑为“假众筹，真广告”。能在众筹平台上发起众筹项目，对于企业或产品来说是一次千载难逢的曝光机会。在众筹平台上，企业或产品可以充分地宣传自身，还可以利用众筹平台提供的快捷社交工具，把企业或产品信息快速分享到微博、微信、人人网、QQ空间、QQ群等热门的社交媒体上，获得更广泛的推广、传播。在众筹的过程中，发起者可以与用户沟通，可以获得许多产品的建议，从而实现优化产品。众筹的结果，更是一份难得的市场报告，众筹融资成功，说明该项目有一定的市场；反之，则没有市场，可以避免盲目生产造成产品滞销风险。

众筹玩转广告主要有三种形式：众筹融资模式可让新品曝光、众筹的预购模式可以实现与消费者交互、众筹的赞助模式可获得支持者的主动传播，从而把企业或产品向广大用户广而告之。

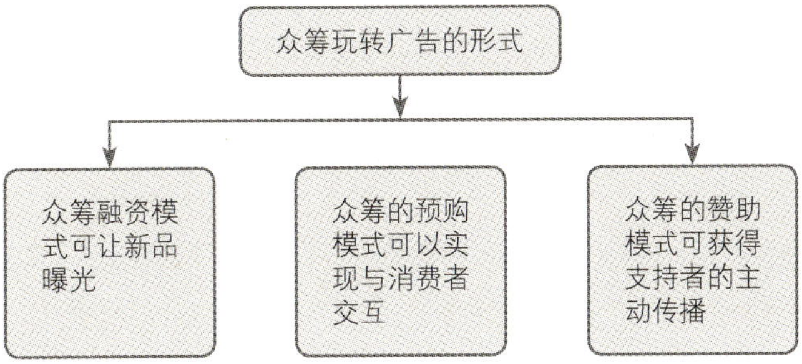

众筹玩转广告的优点

众筹项目可以在众筹平台上宣传自己的品牌形象，同时可以实现与用户的交流互动，在与用户的互动中品牌形象被一遍又遍强化，而且强化的过程，是用户主动参与的，并不是通过传统商业广告狂轰滥炸的方式做到的。众筹玩转广告，更容易被用户接受。

知名的艾瑞咨询分析师李超说，纵观中国的众筹平台，大多数是广告投放平台，许多电影、演唱会、科技产品，在众筹平台做起了免费广告。其实，中国很多成功的众筹项目，并不缺钱，他们发起众筹项目显然是在为自己的企业和项目做广告。中国的众筹平台朝着广告投放平台的方向发展着。

商学院招生，学员学费众筹，大胆创新广告模式，掀起了广告的新风潮，玩起了新潮的众筹广告。商学院众筹，更是声东击西的商业高招，表面上招生，实质上给商学院做广告，推广商学院的品牌形象。商学院众筹，值得越来越多的企业在推广品牌形象的过程中借鉴。

公益众筹：让做好事不再那么难

人人都有爱心，都有恻隐之心，当你在公交车站、地铁上、喧闹的大街上遇到向你求助的人，一般情况下，通过识别真假，你觉得可信，就会捐钱，很少会过问求助者的情况。因为我们都没有足够的能力帮助求助者解决全部困难，于是出于同情，捐出一点小钱，这都是公益行为。公益事业早就出现，但是只有那些专业的机构才有权力为求助者筹集需要的钱。普通人是没有权力为自己遇到的某一位求助者发起捐助项目的，否则会给自己招来非法集资的罪名。但是，互联网众筹模式的出现改变了这一现状，让每一位热心的公众做好事不再那么难。

互联网众筹模式，让热心的公众做好事变得合法、容易。在众筹时代，你有好的公益创意，不妨在众筹平台上发起，你的热心将会让受疾病折磨的人康复，你的热心将会让濒临死亡的人重生，你的热心将会改变弱者的命运。俗话说，人生最大的快乐就是助人为乐。如果你有好的公益创意，还会犹豫吗?

那些公益项目的发起人和支持者都是令人敬佩的人，他们都有高尚的品质。把你的公益创意发在众筹平台上，就有可能让你的公益项目在短时间内获得成功。有这样一个公益众筹项目在24小时内就获得了众筹成功，这个公益众筹项目就是“给予最多的那一天”。

2012年11月，“支持明尼苏达组织”在众筹公益网站Razoo上发起了公益众筹项目“给予最多的那一天”。该项目要在24小时内为明尼苏达州的非营利组织和学校在线筹集资金。结果获得了巨额的收获。最终，获得了53 339人、4 381个非营利组织的支持，总共众筹到1 630万美元。

毋庸置疑，“给予最多的那一天”的公益众筹项目获得了令人瞩目的成功，发起者实现了他们做好事的目标。一时间，公益界、金融界、互联网界纷纷议论公益众筹项目“给予最多的那一天”。

“给予最多的那一天”的成功之处

“给予最多的那一天”的成功之处，是人们关注的焦点，它的成功之处体现在几个方面。

第一方面，公益项目或非营利组织与捐助者的目的匹配。只有当公益项目与非营利组织与捐赠者的目的匹配时，才能激发人们慷慨解囊，为项目捐款。作为非营利组织，要公益众筹成功必须走出去，找到与自己相匹配的捐赠者。

第二方面，独特的宣传。公益众筹项目“给予最多的那一天”，广泛采用媒体宣传。该项目的发起者在众筹的过程中充分利用各种媒体宣传公益项目，运用媒体、非营利组织、当地的公共关系公司，规模浩大地传播项目的信息，并整合网络媒体资源，从而实现了集体行动。公益众筹项目“给予最多的那一天”，还对宣传方式进行了创新，通过更有创意的活动来吸引公众眼球。该项目的发起者在宣传的过程中，曾经邀请当地的一个艺术团体24小时即兴演出对项目进行宣传，还有一个小组号召捐赠者为演出写一句台词来吸引捐赠者。

第三方面，巧妙地增设了奖励机制。发起者把所有的机构分成四大类，即所有的非营利组织和学校、小型非营利组织、中型非营利组织、明尼苏达州的非营利组织和学校（不含高等教育组织）。在这四大类众筹款额度最高的4个机构可获得以下奖励：一等奖可获得10 000美元，二等奖可获得7 500美元，三等奖可获得5 000美元，四等奖可获得2 500美元，五等奖可获得1 000美元，六、七、八、九、十等奖均可获得500美元。这些机构平均筹款额不到3 000美元，这些奖励对他们来说具有巨大的吸引力，于是各个机构都不遗余力地做宣传，为自己的机构争取更多的捐赠者，就有机会获得这诱人的奖励。此奖励机制，在众筹的过程中激发了非营利组织之间的竞争，他们纷纷为筹款积极做宣传，以便获得更多的支持者捐赠以及奖励。在众筹的过程中，公益众筹平台Razoo负责追踪每个非营利机构的捐款总数，随时更新结果并在网站上公布，这样各个机构就知道了自己的排名，排名越靠前的越是充满信心地为自己争取捐赠者，排名靠后的也不甘落后，再接再厉地为自己的机构宣传。从而促成了该公益项目24小时众筹到千万美元。

第四方面，捐赠者可以填写任意的金额。Razoo这家公益众筹平台上，项目的出资额度，除了固定的几个档位，捐赠者还可以自由填写捐赠金额。捐赠金额的自由填写，也吸引了许多群众加入到捐赠者的队伍之中，使该项目获得了更多的捐赠者，创造了“众人拾柴火焰高”的局面。

众筹公益项目“给予最多的那一天”的意义

众筹公益项目“给予最多的那一天”创下了24小时众筹1 630万美元的奇迹，打破了当地有史以来公益捐款金额的记录。该公益项目的巨大成功，为公益项目的成功提供了一条便捷的通道，也证明了众筹模式是推动公益事业发展的新生力量。

“给予最多的那一天”公益项目众筹成功，让发起者“支持明尼苏达组织”深深体会到了：众筹时代公益众筹让做好事不再那么难。该公益项目的成功也激励了许多有好公益创意的后来者，增加了他们做好事的信心，给他们提供了一些宝贵经验，让他们觉得做好事变得容易了，也让一些人如愿以偿地做成了好事。

公益众筹获得成功的小招数：

1.要有精准的项目策划。

2.要有高质量的图片或视频、真挚的文字，多从细节入手。

3.要感动最亲近的圈子，善于捕捉群众的关注点来做公益众筹。

4.设置有趣或实惠的回报。

公益众筹相对于音乐众筹、影视众筹、科技众筹等，现在还是新鲜的事物，公益众筹要成功同样离不开好的创意，换句话说，创意是公益众筹项目成功的重要因素。如果你想做好事，如果你有好的公益创意，快到众筹平台上试试，也许你做好事的梦想就能实现。

众筹让Catlow剧院重新焕发生机

音乐众筹、电影众筹、游戏众筹、科技众筹等各行业都搭上了众筹的东风，获得了热火朝天的发展，鼓舞了那些尚未涉足众筹的行业的创业者、企业家。那些遇到资金困难的创业者、企业家开始鼓起勇气去拥抱众筹。美国芝加哥一小镇古老剧院的老板为自己濒临倒闭的剧院大胆地众筹革新的资金，结果令他万分惊喜，众筹让古老的Catlow剧院重新焕发了生机。

Catlow剧院更新设备的事情，要是没有众筹的帮助，就会泡汤，Catlow剧院就会毫无悬念地走向破产。而小镇上的居民，就算能去便利的文化娱乐场所，也只能与陪他们一起度过许多愉快时光的电影院永别。当地的居民从情感上来说，是不愿意让古老的Catlow剧院倒闭的，于是他们尽自己的微薄力量来挽救这座剧院。

Catlow剧院的老板Tim O’Connor更不愿意让他亲手经营了数年的剧院消失。于是他想办法营救作为他事业的Catlow剧院。终于有一个办法让他眼前一亮，这个办法就是众筹。于是他在全球著名的众筹平台Kickstarter上发起了众筹项目。

2012年9月，Catlow剧院的老板Tim O’Connor，在美国众筹网Kickstarter上发起了“挽救有历史的剧院免于倒闭”的众筹项目。众筹目标金额为10万美元。众筹回报共设置了18个，为了说明回报设置的巧妙，仅选其中五个。最低的一档是一美元，最高一档是1500美元。

“挽救有历史的剧院免于倒闭”的众筹项目回报设置		
出资档位	回报方案	最终获得支持者人数
1美元	我们将永远记住您的捐献	15位
40美元	我们会送给您四场免费电影，每场电影您将获得一大桶爆米花和饮料；还有，我们将把您的名字放在网站上关于捐赠者的那个网页上	185位
100美元	我们会送给您四场免费电影，每场电影您将获得一大桶爆米花和饮料，再加一个三明治；还有，我们将把您的名字放在网站上关于捐赠者的那个网页上，并显示您的捐献金额	316位
500美元	我们会送给您整整两年电影免费入场券，每场电影您将获得一大桶爆米花和饮料；您的公司或者团队的名字将会出现在剧院的大堂一层，同时显示您的捐献金额；还有，在整整一年的时间内，每场电影播放前30秒，您的公司LOGO、团队名字、地址等信息会被在大屏幕上播放	25位
1500美元	我们将永远把您铭记在该剧院的历史上，您的照片和姓名会摆放在剧院的一层。如果您愿意多加20美元，我们会送给您一年的免费电影入场券，每场电影，您将获得一大桶爆米花和饮料。此外，我们的合伙人卡尔先生为您画一张该剧院的素描，并写着感激您捐献的感谢语	8位

该项目最后在规定的时间内，众筹融资超过了目标金额，最终获得了来自1 394位支持者捐赠的175 395美元。比目标金额多出7万多美元。

Catlow剧院实现了众筹融资，并且成了Kickstarter众筹平台上经典的众筹项目之一，更成了无数后来者效仿的楷模。在众筹平台上，众筹项目成功率并不高，Kickstarter众筹平台的项目成功率在众多的众筹平台中属于高的，也只有44%，可见，大多数众筹项目都将面临众筹失败的残酷现实。Catlow剧院能够众筹成功也来之不易。Catlow剧院本身的特点、Catlow剧院的众筹理由、Catlow剧院老板Tim O’Connor的努力、Catlow剧院对支持者的特殊意义等，把项目推入了成功众筹的行列。

Catlow剧院本身的特点

Catlow剧院算得上是一个古董级别的剧院，它有80多年的历史。Catlow剧院位于美国芝加哥伊利诺伊州的巴灵顿一座两层高的建筑里。这座建筑始建于1927年，是由当地颇有名气的设计师Alfonfonso Iannelli设计的。该建筑一层是两个面向大街的商铺，二楼是三间小公寓。该建筑具有芝加哥本土艺术风格，并被选入了国家级历史建筑。剧院所占的空间不大，只有一个舞台和两侧的更衣室。但是，Catlow剧院却散发着悠久的历史气息，具有怀旧、唤醒情感的特殊意义。

Catlow剧院是当地唯一的一个剧院，最初上演音乐剧、舞台剧等现场表演，国内小有名气的演员都曾经在这个剧院舞台上表演过，丰富了当地居民的文化生活，并给他们带来了快乐。

Catlow剧院对当地居民的价值

Catlow剧院在多年的经营过程中，把社区的家庭作为目标顾客，通过多年的努力，以诚信为原则，已经把当地社区的家庭发展为自己的老顾客了。为了让更多家庭的孩子与父母享受到剧院看电影的乐趣，Catlow剧院坚持向社区的家庭提5美元的超低价电影票，在发起众筹项目的时候也是这样。从而，让Catlow剧院成为当地居民家庭生活的重要组成部分，他们都需要Catlow剧院，他们的生活中不能没有Catlow剧院。

Catlow剧院是小镇上数代人唯一的、专业的看电影场所、文化娱乐圣地。

Catlow剧院众筹的理由，生死抉择

Catlow剧院在发展的过程中遇到了影视数字化系统的变革。众所周知，进入21世纪，好莱坞的电影工作室专注于降低电影生产和分销成本，于是停止了使用影视胶片，向剧院推广多媒体产品。整个美国的剧院都要配合好莱坞开始建立自己的数字化电影放映系统，如果剧院不投入巨资建设数字化电影放映系统，2013年就面临着没有业务可经营而被迫倒闭的命运。数字化输出模式，能够大幅提升影视的画面和音效，给影迷带来更佳的电影观感。而影视胶片，常常会遇到瑕疵、失帧的问题，可见电影数字化传输的变

革势在必行。俗话说，识时务者为俊杰。Catlow剧院的老板Tim O’Connor看到了电影发展的趋势。这一趋势暗示Catlow剧院只有两条路可走：一是倒闭，二是投入巨资建设先进的数字化系统。

经营了Catlow剧院数年的老板Tim O’Connor早已对剧院产生了难以割舍之情，他想尽办法让剧院继续经营。但是，改用数字化系统，需要10万美元的巨资来升级音频和视频设备。他无论如何也拿不出这笔巨资。可是不想办法，这家拥有八十多年历史、陪伴小镇数代人的古老剧院，就真的成为历史古董了。影视数字化潮流正在滚滚地向Catlow剧院袭来，Catlow剧院再不投入巨资来顺应影视数字化潮流，就会被淘汰出局。在这生死存亡的时刻，众筹给了剧院无限生存的希望。

Catlow剧院的老板Tim O’Connor通过精心策划，发起了“挽救有历史的剧院免于倒闭”的众筹项目。他首先用诚意来向大众表达了要挽救剧院的决心；其次展现众筹项目详细的清单，激发人们对剧院的感情；另外还利用了小镇居民对该项目的情怀。

在一个项目中，项目发起者必须要大力支持项目，如果众筹项目都无法促使发起者全心全意支持，又怎么会吸引别人来支持项目呢？只有发起者表现出巨大的诚意和无限的热情，才会感染别人来支持项目。Catlow剧院的发起者Catlow剧院的老板Tim O’Connor做到了。他在众筹的过程中，对广大支持者说“您好，我的名字叫Tim O’Connor，我和我的未婚妻Roberta Rapata在美国芝加哥伊利诺伊州的巴灵顿经营着Catlow剧院”，并附有他的照片。他诚恳地介绍自己和剧院，表明了他寻求支持的诚意，无疑会得到更多支持者的关注。

项目发起者能够向支持者展现详细的费用清单，更能增加支持者对项目的认可，有利于支持者评估项目的价值。Tim O’Connor在众筹的过程表示，他需要众筹10万美元，用来升级电影的放映系统，其中包括一台数字投影仪、下载后储存电影的服务器、数字影像的专用屏幕、更好呈现屏幕画质的镜头、一套全新的音响系统、停电时也可以使用的电影云储存服务器、放置投影仪和服务器的支架、投影仪维护费用、设备安装及运输等杂费。详细的费用清单，让支持者一目了然地明确众筹资金的用途，更准确地评估支持的价值、判断项目的真假。Tim O’Connor还强调，他不会考虑增加3D设备，坚持做实惠的剧院供应商，继续为人们提供低价的电影票。

项目发起者要善于挖掘支持者的兴奋点，换句话说，要唤醒支持者对项目的情怀。为此，Catlow剧院的老板Tim O’Connor在众筹的过程中向支持者详细地阐述了Catlow剧院的历史。从而，发起者收到了大量的来自支持者的电话、邮件，支持者谈论剧院承载了他们快乐的童年、激动的第一次约会、家庭的欢乐等。发起者还畅想Catlow剧院如果能够通过这次数字化电影变革，将会给小镇的下一代居民带来特别的记忆，小镇的居民会在若干年后回忆起，这个电影院因为自己的资助得以生存是一件多么令人回味的事。Catlow剧院并将成为小镇一道独特的风景，因为它经历了生死抉择，因为它通过众人的帮助才得以生存，因为它是一座古老的数字化剧院。

古老的小剧院Catlow之所有能够众筹成功，主要得益于发起者的以诚动人、剧院激发了支持者的情怀、剧院给出回报的实惠价值。

众筹医疗：Watsi网站开启救助服务先河

众筹平台在发展的过程中出现了很多，比如国外综合类的有Kickstarter、IndieGoGo，国内的众筹网、点名时间、追梦网等。后来，逐渐出现了垂直类众筹平台，国内有淘梦网、乐童音乐等。公益众筹也得到了发展。国内诞生了首个公益众筹平台马上互助。而公益众筹在发展的过程中，又在不断地细化。世界上诞生了一家独特的公益众筹平台，这家公益众筹网专注于医疗救助服务的公益众筹事业，它就是Watsi网站。

Watsi网站是全世界首个医疗救助服务的众筹平台，它的创建充满了故事；它与其他公益众筹平台相比，拥有独有的特点，它的发展获得了许多著名天使投资和专业机构的青睐，充满了传奇色彩。

创始人的顿悟，Watsi网站得以建立

Watsi网站的创始人是Chase Adam，之所以创建医疗救助Watsi

网站，源于他的人生经历和旅游爱好。他21岁之前，只带着背包，到过20多个国家，在那些国家，他边打工边旅游。他曾经在华盛顿过着白领的生活，他曾经在海地发起过卫生保健项目，他曾经骑着自行车穿越过印度尼西亚。一次在哥斯达黎加的公共汽车上的一幕，改变了他的职业生涯规划。有了众筹医疗救助服务网站Watsi的问世，才有了今天Watsi网站改变着全球不发达地区人们的因为贫困受疾病折磨的命运。

2010年12月的一天，Chase在哥斯达黎加，他乘坐的公共汽车行驶在一个名为Watsi的乡村路上，前排走道上有一个身穿破旧衣服的妇女，手里拿着一个红色文件夹，不停地对身边的乘客说话。Chase心里想，这是推销化妆品的，或者是发小广告的，就没有放在心上，只管欣赏车窗外的自然风光。几分钟之后，他把目光转向公交车内，这时那位妇女正向他走来，他发现几分钟的工夫，妇女手中的塑料袋就被乘客的钱给填满了。他感到很惊讶，这是他在哥斯达黎加生活一年半以来，首次看到公交售票员能获得如此高的收入。

他正在想售票收入的事情。那位妇女，来到了他跟前，一边说话一边打开一个红色文件夹呈现在他面前，令他瞠目结舌的是，文件夹内页一面是一张照片，照片中的小男孩的胃部有着明显的切口；一面则是描述小男孩病情的文字。原来这是一位为自己的孩子募集医疗救助资金的母亲。他为自己之前的猜想感到惭愧。在这一刻他被深深地感动，产生了强烈的同情感，瞬间他似乎顿悟了什么，脑海中蹦出一个想法："如果我能把这位妇女的情况告诉我美国的朋友和亲戚，她就有可能一天就能募集到足够的医疗救助资金，让她的孩子早点摆脱疾病的折磨。"这个想法，并没有因为时间的流逝而模糊，反而启发他回到美国创建了医疗救助服务的Watsi网站。

具有与众不同的特征

Chase创立Watsi网站，有一个高尚的信仰。

他表示："我们认为每一个人都应该获得医疗保健，这与国籍、宗教或社会经济地位无关，人的生命不应该终结于地区经济发展有限、资源分配不均等原因。"

这个信仰让Chase和他的团队对Watsi网站有一个明确的定位，这个网站不同于慈善机构，他和他的团队要建立起NGO，向那些急需医疗救助的弱势群体提供低成本的医疗救助资源，在社会上形成巨大的影响力，来唤醒人们对弱势群体人权问题的重视。

Watsi网站受到了最有影响力的Kickstarter众筹平台的启示，看到了众筹模式的力量，吸取了Kickstarter众筹平台的精华，并进行了大胆的创新，它与Kickstarter有显著的不同之处。

Watsi与Kickstarter的异同		
	不同	相同
Watsi	众筹资金用于全球医疗领域；设置了最低捐助额为5美元，不设上限；网站不收取中介费，捐款百分之百用于医疗救助	面向全球公众集资
Kickstarter	众筹资金用于全球的各个领域；网站收取5%的中介费	

可见，Watsi网站是一家独特的公益众筹平台，一家专业的众筹平台，它开启了众筹医疗救助服务的先河，也向大众展现了它的诸多独特之处。它采用公开透明的经营理念、以资金的透明化为原则、采用清晰公正的线上线下相结合的运营模式。

Watsi网站采用公开透明的经营理念。捐助者可以在Watsi网站上浏览任何一名需要捐助者的病情信息和相关资料，自行选择捐助对象，还可以与被捐助者直接联系，随时了解医疗救助的进展情况。网站上展现了需要捐助的人的照片、生活背景、要求、地点，网站上的每一个病例都经过了专业的筛选，确保都是最需要医疗救助的对象。

Watsi网站运作以资金的透明化为原则。Watsi网站充分利用互联网的便利性，来降低管理成本，确保支持者捐赠的每一分钱都用在患者身上，为了做到这一点，Watsi网站的运营费用来源于其他筹资渠道。为了鼓励支持者捐赠，Watsi网站上的捐赠者无需转账费，而且在美国捐款是免税的。此外，Watsi网站还把全部财务运营在Google Docs上透明公开。

Watsi网站采用清晰公正的线上线下相结合的运营模式。线上的网站是单纯的众筹平台。线下有许多的医疗伙伴，他们负责实际的救助环节，还负责前期的调查。需要医疗救助的病人首先要向Watsi网站的医疗伙伴提出申请，医疗伙伴收集、整理病人的资料，并审核病人是否符合医疗救助的条件。这个过程Watsi网站有个目的，一是确保病人自身没有经济能力又迫切需要治疗，二是能够挑选出花最少的钱达到最佳影响力的医疗案例，将每个病例的费用控制到1 500美元以内。经过医疗伙伴挑选的案例才能够发布在Watsi网站，这些案例在发布之前就已经过清晰的分门别类，支持者在浏览的时候，很轻松地就能找到自己想捐助的病人。通过PayPal（即贝宝国际，是一个全球用户很喜欢的国际贸易支付工具，是美国eBay公司的全资子公司，类似支付宝）或者信用卡给自己锁定的病人捐款。这种点对点的捐赠方式和互联网众筹模式相结合，恰恰利用了互联网低廉甚至免费的信息沟通优势，从而简化了筹资的环节并节约了运作成本，使Watsi网站明显地优越于实体的慈善机构，从而受到了捐赠者的信任。

获得了巨额投资，发展迅猛

Watsi网站在发展壮大的一年间取得了成绩，也遇到了挑战。

先说成绩，一年中，Watsi网站上有75个医疗救助项目获得了资助，众筹总金额达6万美元，获得了1 300人次的捐赠，20%的捐助者进行了二次捐助，其中有30%的捐助者来自美国之外的国家，周平均增长速度高达28%。Watsi网站提供的医疗救助资源使8个国家受益。

再说挑战。Watsi网站在发展的初期，与大多数互联网企业一样也经历了不温不火的煎熬。为了改变Watsi网站的这种处境，他和他的创业团队苦思冥想了许多办法，最后，他们决定到著名的创业公司孵化器Y Combinator旗下的社会化新闻网站Hacker News发帖试试。这一举获得了巨大的惊喜，此帖使Watsi网站的浏览量超过了16 000页面，网络平台中的关注和广泛好评为Watsi网站带来了一笔不菲的捐款。与此同时，该网站受到了知名媒体NBC和TechCrunch的大力报道，网站的知名度火速提升，一时Watsi网站成了线上线下人们热议的话题。

俗话说，趁热打铁。为了让Watsi网站持续受到关注，为了保持Watsi网站的非营利属性，为了让Watsi网站保持高效运营，Chase开始向外界寻求注资，经过一番苦苦寻求，没有结果，他很失望。就在此时，著名的创业公司孵化器Y Combinator创始人Paul Craham主动与他合作，愿意为Watsi网站投资。2013年1月27日，著名的创业公司孵化器Y Combinator创始人Paul Craham公开宣布，投资第一个非盈利项目Watsi，他将出任Watsi的董事。Watsi首轮融资的名单中赫然出现了中国腾讯，硅谷的超级天使Sun、Ron Conway和Khosla Venture，这是这些投资大佬们首次为非盈利项目投资。于是，Watsi成了互联网创业界的重磅话题，不火是不可能的。

Watsi获得了超级投资，令无数的创业者们好奇不已。创业公司孵化器Y Combinator创始人Paul Craham加入Watsi网站，无疑是它敲开融资大门的钥匙，Paul Craham只看了Watsi网站30秒，就认为这是一个“革命性”的项目，并对Watsi网站赞不绝口，可见Watsi网站的项目蕴含着巨大价值。从此，Watsi网站不用再为运营费用而担心，可以专心致志地做自己的公益医疗事业。Watsi网站的融资成功，也证明了风险投资和天使投资对非营利组织的巨大推动作用。

独特的定位、创新的运营模式、专业性，吸引了许多投资者的主动前来投资、合作，为网站注入充足的资金，使Watsi网站获得了快速成长、迅速发展。

第六章
国内众筹行业的领军“人物”

点名时间，在众筹领域中抢先起步，修炼成了中国众筹领域的大哥大。众筹网，凭借其强大的金融出身背景和优质资源，成长为中国极具影响力的众筹平台。尝鲜众筹网，专注于新鲜、健康的农产品，成为中国第一家农业众筹平台。大家投众筹网，凭借其创新能力，成为互联网金融中掀起中国股权众筹风暴的众筹平台。它们当之无愧地成为中国互联网众筹行业的领军“人物”。

点名时间：中国众筹领域的大哥大

国外的众筹平台发展迅猛，成效显著。于是，国内的一些创业人士看到了众筹平台的发展势头以及蕴含的巨大商业价值，开始尝试建立众筹平台。点名时间，凭借它“第一个吃螃蟹”的精神，在中国勇敢地开拓众筹事业，并坚持不懈地努力，修炼成了中国众筹领域的大哥大。

中国众筹的先行者

点名时间成立于2011年5月，是中国最早深入了解智能硬件产业的平台，公司最初的定位是做中国最大智能新品限时预购网站。他的创始人是三人团队，即张佑、蒋显斌、何峰。张佑曾经担任雅虎的UI设计师、新浪网产品经理，蒋显斌曾经担任新浪的技术顾问，何峰曾经任职波士顿咨询公司。点名时间网站上线于2011年7月，并将众筹模式引入了中国。网站上线之初，可以众筹的项目类别包括音乐、影视、科技、设计、出版、公益。经过半年的发展时间，积累了一些运营数据，他的创业团队发现网站众筹项目的整体支持率和转化率已经胜过了很多电商平台，众筹项目的资金规模也逐渐扩大，产生了众筹资金超过50万的项目。点名时间遂成了业内关注的焦点，这也标志着众筹模式在中国开始萌芽。

点名时间的众筹玩法

众筹在中国是一个新事物，没有具体的法律法规来参照。另外，众筹是金融产物，容易触及法律红线，因此众筹在中国出现得很晚，很多人都因风险大而不敢涉足众筹领域。而点名时间的创业团队，之所以敢涉足众筹领域，因为他们研究了众筹，为了避免产生不必要的法律纠纷，他们通过设置点名时间众筹规则来有效应对。

点名时间规定，所有的众筹项目，众筹目标金额要1 000元起，多了不限，而且要有固定的众筹目标金额。在项目没有众筹完成之前，众筹到的资金都预存在点名时间专用的支付宝账户里面。每个项目都要有时间限制，即必须在截止日期前实现众筹目标金额，才能算众筹成功，发起人才能获得众筹到的资金；否则，众筹失败，点名时间会把众筹得到的资金返还到投资者的账户中。如果众筹成功，支持者就可以获得发起者承诺的回报，回报的内容不能是现金、股票，只能是产品或感谢。国内的信用体系尚未建立起来，成为制约众筹发展最大的障碍之一。只有人与人之间建立起足够的信任，才能促进众筹的发展，才能使投资者大胆地出钱支持有梦想的人。

点名时间为了提高项目的诚信和成功率，采用了四个策略。第一个策略，严格审核项目发起人和项目。项目的文案必须合法、可操作。第二个策略，项目发起人和项目必须备案。必要的时候，点名时间会要求发起人提供详细的信息。第三个策略，发起人必须设置目标金额和时间限制。投资者通过众筹目标金额的设置可判断一个项目的成功概率。第四个策略，发起人设置的回报，不能是现金、股票等，必须是实物产品或虚拟产品。这样，支持者的行为就不是投资，而是一种购买行为。通过这四个策略，点名时间有效地避开了法律红线，使众筹在中国得到顺利发展。

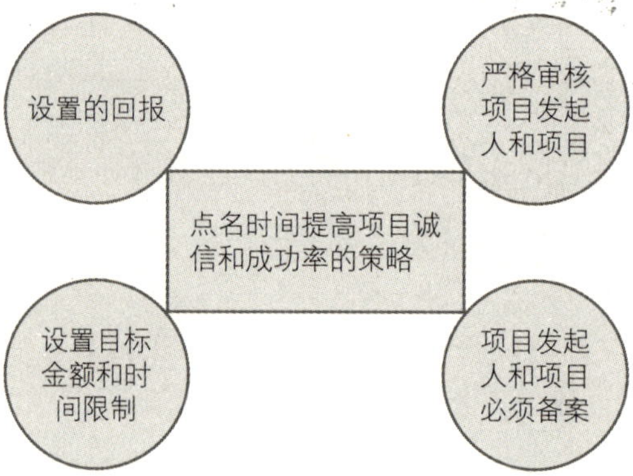

点名时间在发展的过程中运作了许多成功的众筹项目，“SmartWallit智能钱夹”是其中的一个，是点名时间运作的金额较大的众筹项目之一。

“SmartWallit智能钱夹”项目是点名时间的硬件项目之一，在规定的时间内，总共众筹到了101 092元。SmartWallit智能钱夹的出资档位近20个。最低的一档为10元，对应的回报为，以八折优惠购买SmartWallit；最高的一档为5 000元，对应的回报是30套产品，可参观SmartWallit创业基地，可获得代理产品权利。

SmartWallit智能钱夹，能把你的钱包与手机连接起来，有四个功能。第一，双向防丢——“嘀嘀，嘀嘀，有情况。”手机超出规定的范围、钱包超出规定的范围，都会向主人发出警报声。第二，帮助你记账——“主人，主人，你花钱了。”只要你一打开钱包刷卡，就会获得提醒和一条信息。第三，定位寻找——“嘀嘀，我在这里，你来找我。”当你找不到钱包，就可操作手机，钱包就会发出声音，你就能轻松找到钱包；如果手机找不到了，你就可以操作钱包，手机就会发出声音，让你迅速找到。

SmartWallit智能钱夹能给人们带来切切实实的便利，应该是它最吸引人的地方。

SmartWallit智能钱夹，让你随时了解自己钱包的位置，让你永远告别丢钱包的烦恼。它的实用功能超级强大，成功是意料之中的事情。

点名时间就是愿意花费精力考察项目的实用性、成功概率，所以其运作的项目成功率较高。

华丽转身，获得更大的发展机会

这时起，众筹开始寻找自己的发展核心，深入硬件产业链之中。一直到2013年年初，点名时间终于锁定了自己的发展重心和方向：智能硬件领域。到了2013年年底宣布不再运作非智能硬件类的项目。2014年7月，正式宣布脱离众筹模式，采取智能产品首发模式，并推出了全新的品牌口号“智能新品，限时抢购”，旨在让更多的消费者了解点名时间——中国最大的智能新品限时预购网站。

当点名时间的CEO张佑宣布脱离众筹模式，采用智能产品首发模式时，引起了媒体的关注，一位记者犀利地发问“从众筹平台到智能硬件的首发平台，这有什么不同？”张佑胸有成竹地说：“没有区别，只是更清晰了。”

事实证明，点名时间此次转型是明智之举。点名时间是国内最早的线上众筹平台，总共有1 500个项目在其平台发起众筹，成功率高达43%。自从把重心转向智能硬件之后，其科技类项目成功率高达80%，平均每个项目能众筹到4万元，其中最高的一个项目众筹到了170万，这个项目是“Cuptime智能水杯”，使科技与健康完美结合。

点名时间勇敢而机智地开创了中国的众筹事业，并成功运作了很多众筹项目，为中国众筹的发展积累了丰富的经验。点名时间，在中国众筹的舞台上留下了精彩的一瞬，虽然它不再采用众筹模式，而采用商品首发模式，但是无法抹去它在众筹历史上的光环。中国众筹领域“大哥大”的称号，永远属于点名时间，这个称号也见证了点名时间对中国众筹事业的巨大贡献。

众筹网：中国极具影响力的众筹平台

点名时间拉开中国众筹模式的序幕，一时中国的众筹平台如雨后春笋般涌出，众筹网是其中的一个，通过打造自己的特色服务，现已成为众筹平台中的优秀者。

众筹网的成长之路

众筹网于2012年6月开始筹备建立，仅针对前期的建立筹备，就展开了为期半年的讨论会。俗话说：“磨刀不误砍柴工。”经过半年的周密筹划，2012年12月，众筹网的测试版终于上线，并试运营。一直到2013年2月，众筹网才宣布正式上线，开始主要为科技、影视、设计、出版、公益等项目提供众筹服务。为了吸引更多的优质项目，众筹网采取免费模式，从而吸引了许多众筹项目在该网站上线，短短两个月时间，即截至2013年4月，总共运行66个项目，众筹总金额547 541元。

其迅速的起飞速度，使其很快在众多的众筹平台中脱颖而出，成了综合类众筹项目的首选平台。

众筹网的独特之处，决定了其腾飞的方向

众筹网与一般的众筹平台有显著的不同之处。点名时间、追梦网、尝鲜众筹网等大多是创业公司，而众筹网直接脱胎于金融集团。于是，它的发展思维非常开阔，它给自己的定位是中国最具影响力的创业众筹融资平台，并专心致志地为有梦想、有创意、有项目的朋友提供募资、投资、孵化、运营一站式综合众筹服务，从而协助他们实现自己的创业梦想，为他们提供创业的舞台。

众筹网协助创业团队深圳五月花电子的“平民价格普及型3D打印机”项目、有梦想的阿依子黎的“支持阿依子黎，为他的北京演出之行众筹”项目、创业者Daniel的“《在北京》交友App”项目等等，实现了众筹融资成功。

众筹网的玩法

众筹网有自己独特的众筹玩法。众筹网主要为项目发起人服务，要求发起人设定明确的众筹目标金额和时间。众筹网的众筹成功规则是，项目在截止日期前，必须筹集到预先设置的目标金额，才能算是众筹成功，众筹平台才会把众筹网账号里的钱转到发起者的账号里。否则，就是众筹失败，众筹网会在规定的时间内把筹集到的资金返还给支持者。众筹网为了保障支持者的资金安全，必须要求发起人进行实名认证，才可以发起众筹项目。众筹网审核通过的众筹项目会获得众筹网的一些帮助。众筹项目在上线之前，众筹网的客服会指导项目发起人完成审核、沟通、包装等工作，从而帮助项目顺利上线。项目众筹融资成功，众筹网有专门的顾问监督项目发起人按照计划完成项目的后续工作，促使发起人不遗余力地完成项目，向支持者兑现回报。

众筹网除了给项目提供平台服务，还与一些项目发起人建立合作关系共同促进项目成功。比如，采用互联网众筹的模式与能源企业联合光伏、国电光伏合作“深圳前海新区开发太阳能电站”项目，此项目在众筹网平台上运作，总共募金额1 000万，每份10万元，四天内其中160万元资金就被支持者所预约、认领。此次众筹网与联合光伏、国电光伏合作，他们三方都是众筹项目的发起人，并各自发挥特长，默契合作。众筹网的任务是筹集资金、审核认购人的资格、签署协议文件，此外还协助联合光伏、国电光伏向用户推广这种模式，国电光伏的任务是全权负责“深圳前海新区开发太阳能电站”的施工建设。

此项目是能源产业积极探索发展模式，众筹网尝试运作模式的一次实战。联合光伏与国电光伏、众筹网本次合作，目的是代表光伏央企国家队引导民间资本投资长期稳定回报的实体经济，并盘活民间资本。

此项目是产业互联网时代背景下的产物，是中国首次新能源电力产业能源与互联网金融模式的跨界合作，为众筹平台的发展模式提供了新的启示。众筹网站除了为项目提供平台服务，还可参与项目。

众筹网的前景

众筹网经过一年多的发展，也遇到了许多众筹平台经常遇到的瓶颈，项目的成功率不高，项目的众筹目标金额普遍偏低。这主要是因为投资者与发起者之间缺乏信任，众筹网肩负着增强他们之间信任的责任，一方面需要严审项目，确保项目真实可操作，同时对有价值的项目深入指导、提供更多的增值服务，促使其众筹成功，并提供必要的营销、生产援助，保证其产品能顺利上市，避免让投资者一次又一次失望，以期给投资者带来越多的惊喜，让投资者增加对众筹平台的信任。另一方面，众筹平台需要给投资者推荐优质的项目，让投资者能真正地从中受益，或者获得自己心仪的产品或者获得精神上的满足。总之，增强发起者与投资者之间的信任，是众筹网的根本任务，只有做到了这一点，才能运作更大、更成功的项目。此外，众筹网为了生存，正在积极探索自己的盈利模式。众筹网为创业者和创业团队提供平台服务，朝着创业孵化器的方向发展，为创业者提供一条龙的服务。相信，众筹网通过自身的努力，一定能在众筹的浪潮中开辟出一条航道，获得高速发展，继续享有“中国极具影响力的众筹平台”的称号。

尝鲜众筹网：中国第一家农业众筹平台

农业众筹涉及食品安全的社会焦点问题，很多综合类的众筹平台都小心翼翼地对待农业项目，农业项目相比音乐、科技、设计、游戏类等项目屈指可数。但是，农业面对互联网众筹浪潮，并不只甘心做一个旁观者，而是摩拳擦掌，想在众筹的舞台上也大展身手。尝鲜众筹网，在大家的质疑声中，破土而出，成为中国第一家农业众筹平台。

走进尝鲜众筹网

尝鲜众筹网是众筹领域的新星，它是中国第一家农业众筹平台，致力于运用众筹的模式为现代农业领域提供募资、投资、孵化、运营等一站式专业众筹服务，帮助新农人创业致富。它的口号是“圆梦农业，一起尝鲜！”

尝鲜众筹网只运作农业类的项目，项目发起人的项目必须属于涉农项目。项目产品可以是农产品、农副产品也可以是农庄休闲服务等。

发起人必须遵守尝鲜众筹网的规则。筹资规则，发起人的项目必须要预先设定众筹的目标金额和时限，只有在规定的时间内达到或超过众筹目标金额，才算获得众筹成功，尝鲜众筹网才会把众筹到的资金注入发起者的账户中。反之项目宣布众筹失败，尝鲜众筹网会把资金返还给支持者。回报规则，回报必须是实物或服务。

尝鲜众筹网要求项目具有完整的资料。所有的项目要包括七个重要板块：关于我，我想要做什么，项目特色，为什么需要您的支持及资金用途，我的承诺与回报，可能存在的风险。此外，还要有相关的图片和视频资料，更直观地展现项目。

所有的众筹项目都要遵守尝鲜众筹网的规则，尝鲜众筹网对于项目拥有上线的最终决定权。

尝鲜众筹网的存在，对农业发展具有深远的意义，能够为农业项目提供便捷的融资渠道；能够解决农产品的市场销路问题。尝鲜众筹网，能做到农产品产地直供，能够消除农产品上市过程中的很多环节，降低了农产品的成本；能实现农产品的订单化生产，避免滞销、浪费。

尝鲜众筹网成功运作的项目

尝鲜众筹平台，2014年正式上线运营，成功运作了一些农业项目。

“我家的沾化冬枣果园”项目，在尝鲜众筹平台上发起众筹融资。众筹目标金额5000元。

发起人是张元。张元曾经是一名特种兵，有五年的军旅生涯，曾荣获过一次二等功、一次三等功、三次优秀士兵荣誉。军旅生涯铸就了他严谨的做事风格和一丝不苟的性格。张元2010年退役，家人是果园种植大户，他就和家人一起从事果园种植。他们家已经种植果园20年，管理冬枣的经验很丰富。

他的家乡沾化是“中国冬枣之乡”。他家的冬枣质量有保障，枣树的间距大，能保证枣照射充足的阳光，采摘时间绝对是等枣子在树上完全熟透，从而保证了枣子的甜美度和口感，绝对不会把没有熟透的枣子采摘卖给客户。采摘下来的枣子严格筛选出等级，客户要哪个等级就诚信地给出对应的价格。

该项目总共设置了六个回报方案：第一档位，支持68元你将获得一箱重量4斤的冬枣；第二档位，支持88元你将获得一箱重量4斤的超大冬枣；第三档位，支持128元你将获得两箱共8斤冬枣；第四档，支持168元你将获得两箱共8斤超大冬枣；第五档位，支持248元你将获得四箱共16斤超大冬枣；第六档位，支持328元你将获得四箱共16斤超大冬枣。回报的产品，都免费送货到家。

该项目最终筹到了5 124元，获得了28位支持者，众筹成功。

可以看出，“我家的沾化冬枣果园”项目，尝鲜众筹网采用的是网络预售方式。该项目之所以能成功，首先得益于发起人自身的特殊人生经历和其家人丰富的冬枣种植经验。其次，冬枣的质量有保障，此冬枣产自“中国冬枣之乡沾化”。其三，新鲜。适逢冬枣成熟的季节。

除此之外，尝鲜众筹还成功运作了“我是郭云上，我为自家樱桃代言”“尝雪峰山野生猕猴桃，助百亩荒地重生，让果农安心种植”等项目。

农业众筹模式，不仅使农产品多了一个销售渠道，而且帮助农民免费宣传了产品。同时，还能让都市的人们有机会吃到更新鲜、更健康的农产品。相信，众筹平台坚持建设发起者与支持者之间的诚信，农业众筹模式将会促进农业的快速发展。

农业众筹尚处在懵懂的探索阶段，目前，农业众筹的主要实施方式是体验为主，回报为辅。农业的众筹模式颠覆了传统农业，促使传统农业加快步伐向互联网转型，促使农业积极探索更大的利润空间。

农业众筹网要获得持续发展，最基本的要为支持者提供更健康、更新鲜的食品，才会不断地树立农业众筹令人放心的品牌形象，获得越来越多的消费者信赖，运作越来越多的农业项目。

大家投众筹网：掀起中国股权众筹风暴的众筹平台

众筹模式在中国已经走过了两个春秋，网民对“众筹”并不陌生，甚至有一大批网民已经以发起人的身份或者以投资者的身份参与过众筹的项目。但是无论是众筹平台、发起人，还是投资者，提起股权众筹都会异常谨慎，甚至诚惶诚恐。

在这样的环境中，很多国内的众筹平台不知道如何运作股权众筹，甚至拒绝股权众筹的项目。大家投众筹网，大胆地探索中国股权众筹的发展之路，并一炮走红，成为掀起中国股权众筹风暴的众筹平台。

中国的股权众筹比中国的商品众筹晚了很多，中国的股权众筹与国外的股权众筹更不能同日而语，国外的股权众筹已趋于成熟，而国内的股权众筹还处在瞎子摸象的阶段。最早的“美微淘宝卖原始股”项目，开始进展得风风火火，后来被叫停，理由是淘宝上不允许公开募股。虽然该股权项目最后折戟沉沙，但是成为中国股权众筹项目的经典案例。大家投众筹平台的上线，为股权项目带来了希望，股权众筹项目拥有了轻松生存的环境。

中国首个闯入股权众筹“禁地”的互联网众筹平台

大家投众筹网，诞生于2012年12月10日，由著名的产品经理出身的李群林创办。大家投虽然只有两年的发展历程，但是却通过自己的优质资源，在众筹领域树立了知名的品牌形象。大家投众筹网，有明确的发展目标，它的发展目标就是做一家天使式的股权众筹网站，在其平台上参与投资行为的人，都称为天使投资人，这个称呼不仅个性而且亲切。

大家投在短短的两年中，平台的多个数据名列前茅。到2014年10月，大家投已经获得达12 000个注册投资人，有46个上线项目，其中31个创业企业实现融资成功，其众筹融资的成功率高达68%。可见，其取得的成绩确实很优秀。

“大家投”的众筹模式。大家投通过一个例子来向大众展示了其业务模式。它说，A创业者在大家投众筹平台上发起众筹项目，宣称自己的创业项目需要融资100万元，出让其中20%的股份。接着创业者设置一定门槛。符合条件的领投人开始认投5万元，之后陆续有5位跟投人认投，他们分别认投了10万、50万、12万、3万、20万。于是该项目，就成功融资到了100万。然后，所有的领投人就可以把这笔资金作为注册资金成立有限合伙企业。之后到线下办理公司注册、投资协议签订、入股项目公司工商变更等手续。这一系列的手续办理完毕，融资到的100万元，就可以注入创业者的企业。企业按照协议把其中20%的股权分配给所有的天使投资人。至此，该项目可以宣布天使期融资完成。

按照规则，“大家投”平台负责监督资金，双方按照自己定下的规则去操作，投资发生风险后，“大家投”不需承担相应的责任。在项目融资成功后，“大家投”收取项目融资额2%的服务费用。

大家投创新了互联网众筹

大家投从事股权类众筹，也深知其中的风险，它小心翼翼地运作股权项目巧妙地避开法律红线。大家投的众筹模式提升和创新了普通的预售众筹模式。首先它的档次更高了，项目的融资金额规模大，还具有了投资的性质，天使投资人可以获得最钟情的股权。当然，大家投也深知法律不允许众筹项目以股份、现金为回报。为此，大家投把一些涉及股权的业务转移到了线下操作，并且所有的天使投资人集体成立了有限合伙企业。从而有效地避开了法律“禁区”。

此外，大家投还巧妙地绕开了“《公司法》规定有限合伙制的股东人数不能超过50人。”大家投是这样来做到的。

大家投为了控制有限合伙人的人数，开创了“领头人和跟投人”机制。领头人指第一个投资股权融资项目的人，接下来的投资人都称为跟投人。并且为领投人和跟投人设置了一定门槛，其中领头人投资的最低额度为项目融资额度的5%，跟投人投资的额度最低为2.5%。无论是领投人还是跟投人达不到这个要求，就无权进行投资。通过这个机制，股权项目的有限合伙人制就不会超过40个人。

这样的操作模式符合了法律规定，保证了股权众筹的合法性。但是，该机制大幅抬高了投资的门槛，也极大地增加了股权项目的夭折率。

代表着中国股权众筹平台的大家投能破土而出，归根到底，是因为它适应了社会生产力的发展，代表了一种新的生产方式，它冲击着传统的募资方式，开创了一种新的融资方式，提高了融资的效率。股权众筹平台，为更多的创业者提供了粉墨登场的机会，提高了创业的成功概率。由于投资者越来越多以及投资者更钟情于现金回报，相信未来股权众筹会获得蓬勃发展，并成为众筹事业的中流砥柱。大家投众筹网，也将会获得更多的投资者关注，为越来越多的股权众筹项目高效融资。

第七章
金融有风险，众筹需谨慎

互联网众筹是一种新的金融形态，是一种创新的融资模式，它具有金融的属性，涉及“资金”“法律”等敏感话题，对此众筹专家提醒所有参与众筹活动的人士“金融有风险，众筹需谨慎”。参与众筹活动的人士，请务必了解众筹在中国存在的问题，尤其要熟悉众筹在中国面临的法律风险，并且掌握规避法律风险的措施。虽然，众筹在中国会遇到很多挑战甚至是困难，但是，中国经济迫切需要众筹业务，而且中国的政策法规逐渐开始支持中国众筹模式，让中国的众筹充满了无限机遇。

中国式众筹存在哪些问题

中国众筹经过了两年多的摸爬滚打，各类众筹平台已遍地开花，数量达到了一定规模，其中既有综合类的众筹平台，又有垂直类的众筹平台，运作的众筹项目更是多得难以计数。但是纵观中国众筹的发展轨迹，其中也存在令人担忧的问题。中国众筹给业内人士的整体感觉是雷声大雨点小。

中国式众筹存在法律、盈利、诚信、产权、认识等方面的问题。具体表现如下：

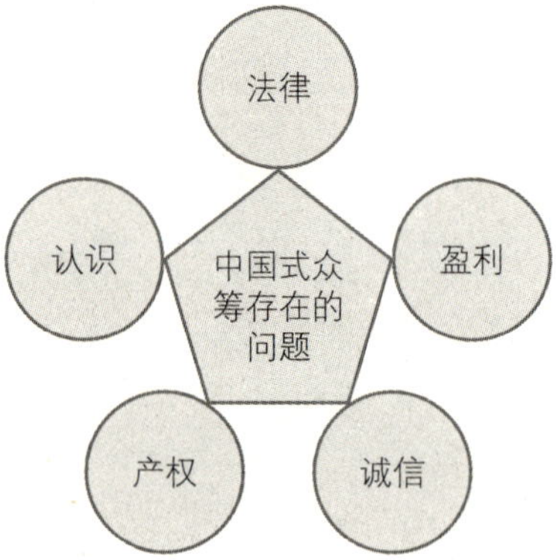

1.关于众筹模式的法律法规尚未成熟，许多众筹创新模式与现行法律存在冲突。

法律法规风险是中国式众筹面临的最大问题，一些项目发起者、支持者对此还是心存畏惧，唯恐触到法律雷区。国外的众筹早在2012年就已经产生了相关的法律法规。2012年4月5日，美国总统奥巴马签署了JOBS法案。该法案允许小企业在众筹平台上进行股权融资，使众筹项目的回报突破了必须以实物回报的限制，每个项目的融资规模给予了限定，12个月内不可以超过100万美元。其中法案还括保护投资者利益的一些法规。该法案规定，投资者对于投资项目的投资额度不得超过其年收入的5%。JOBS法案的出台，让众筹获得了合法生存的法律环境，让股权类众筹告别了遮遮掩掩的尴尬处境。

国外的众筹得到合法化，而国内的众筹依然绞尽脑汁地想出各种招数来避开法律的雷池。中国的众筹模式，受到明确的法律法规限制，不能以股份、债券、红利、利息为回报，于是大多数是商品众筹，而股权众筹平台和股权众筹项目的发展一直处于战战兢兢的状态，唯恐被扣上“非法集资”的罪名。中国股权众筹平台不能按照国外的股权众筹模式运行。为数不多的中国股权众筹平台都以创新的方式运作股权众筹项目。大多数股权众筹的要求门槛高、风险高。中国的股权众筹遇到了这样的法律法规：《公司法》规定有限责任公司股东不可以超过50人，股份有限责任公司股东人数为2人到200人。《证券法》要求，公开发行证券，需要得到证券监管机构核准。众所周知，众筹是向大众筹集资金，人数达到一定规模更有利于实现众筹。可见，众筹的这一特征与现实的相关法律法规有冲突。于是许多股权众筹的业务需要在线下来完成，从而降低了众筹融资的效率。

中国式的众筹如果大胆地创新发展，会触到法律雷区；如果保守行事，就会裹足不前，从而只能让中国的众筹事业远远落后于国外。基于此，中国众筹的相关规法律法规亟待落地。

2.中国式众筹的盈利能力较弱

国外的众筹大多数有盈利模式，而且最基本的盈利模式是收取佣金，其次是收取广告费、增值服务费。国外的众筹平台，有最基本的盈利模式，能够获得生存发展的必要资金。而中国式的众筹，除了早期的点名时间众筹平台收取一定佣金，还有一些股权众筹平台收取一定佣金。但是由于只收取成功项目的佣金，故收入不高，再加之项目的筹资规模小，成功的项目数量少，收入更加少。随着大多数众筹平台推出免收佣金政策，之前依靠收取佣金盈利的众筹平台也被迫取消佣金。中国的互联网一直以免费策略制胜，作为互联网产物的众筹平台也采取了此策略。而众筹平台的广告业务、增值业务、孵化业务尚未形成，如果众筹平台长期无法盈利，势必会难以维持，甚至垮掉。

点名时间在发展的初期采用收取佣金的盈利模式，随着很多创业者涌入众筹行业，点名时间的佣金盈利模式受到了挑战，被迫也取消佣金，采用免收佣金模式。

点名时间是中国最早的众筹平台，2013年之前主要盈利模式是收取佣金，向众筹成功的项目收取众筹总额的10%，作为佣金。点名时间的CEO张佑宣布2013年7月1日起，实施免收佣金的模式，并且说此举是为了适应中国众筹市场。张佑表示，改为免佣金模式，一方面是因为项目的支持者不希望自己的钱作为佣金，更希望全部打给项目发起人，支持他的事业。另一方面，点名时间想用免佣金模式吸引更多的创业者，先将市场做大是眼下的首要任务，而先不考虑盈利。

点名时间不停地探索自己的众筹盈利模式，终究没有找到，最后被迫撕下众筹的标签，改作商品首发平台，从而才获得了飞跃发展。

中国的众筹平台大多数像点名时间一样，遭遇了盈利难的困境。因为几乎没有盈利，发展一直跟不上需求，无法吸引到规模较大的项目，单笔融资金额大多数还在百万元左右。而国外的众筹平台运作了许多千万美元的项目，单凭佣金，就能获得丰厚的收入，佣金一直是国外众筹的主要盈利模式之一。

此外，中国式的众筹没有好的盈利，就难以建设平台，就不能吸引优质的互联网创业者入驻，就难以吸引到更多的投资者，就无法运作更好的项目、更大的项目，就无法提高平台的知名度。所以，中国式的众筹探索盈利模式迫在眉睫。

3.征信体系不完善、诚信度低

众筹模式是互联网金融的一种重要形态，由于中国征信体系不完善，陌生人之间的信任难以建立，众筹事业在中国发展受限，导致项目筹资总金额难以突破，单笔投资额度一直在低位徘徊不前。

众筹项目的发起人，面向广大陌生的用户募集资金，如果他的项目不能深深打动用户，用户是不会把自己辛苦挣来的人民币，拱手送给一个毫不相干的陌生人的。项目的发起人一旦没有诚信，就会用虚假的项目信息圈钱，领投人也可能是其同伙。一旦遇到这样的项目，支持者的钱就打水漂了。面对这些缺乏信任的问题，众筹平台需要不断健全筹资人的信任机制、分配机制、退出机制，才能使发起人与支持者之间的信任与日俱增。

此外，众筹省掉了传统融资的很多审核环节，其中重要的一环，就是个人征信。众筹与央行的征信系统脱节，也很难纳入征信系统之中。众筹平台要搭建发起人与支持者之间的诚信，就需要自己来建设征信数据库以排除发起人恶意违约风险。可是，众筹平台面对无法打通身份识别、个人信息查询、相关司法状态信息等难题，却无权调用央行的征信数据。没有个人征信的在线大数据支持，众筹平台只能依靠有限的人力、有限的方式去调查发起人的信用度。但是所获取的信用数据的真实性会大打折扣，依然存在很高的被骗风险。

中国式的众筹事业要发展，众筹平台必须坚持不懈地搭建发起人与投资者之间的信任。只有互联网的信任环境营造起来，众筹事业才会获得突飞猛进的发展。

中国式的众筹还存在知识产权被盗、认识不足的问题。中国式众筹，要解决法律、盈利、诚信、产权、认识等问题，未来的路可谓任重而道远。但是，中国人多势众的优势，会让中国众筹拥有巨大的发展空间、强劲的发展力量。

众筹在中国面临哪些法律风险

中国众筹面临的最大问题是法律问题，最难逾越的障碍，也是法律障碍。可以说，法律是中国众筹一直以来发展缓慢的主要阻力。众筹在中国遇到了许多法律风险，而且都是法律的雷区，处理不好就会遭遇轻者流血骨折、重者粉身碎骨的灾难。所以，无论是项目发起者还是支持者，了解众筹在中国面临的法律风险，可以避免无知而造成违法行为、犯罪行为。

众筹在中国面临非法集资、代持股权、证券违法行为等法律风险。

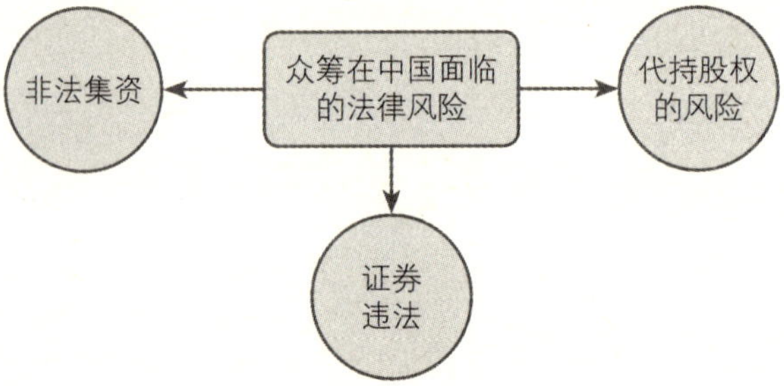

1.非法集资

互联网众筹是互联网金融的产物，它本质上是一种金融活动，涉及资金问题，是一种风险较大的行业。由于众筹为了融资而生，而且是向大众筹集资金，一些对众筹认识不透彻的人，就会把众筹融资与非法集资画上等号，这显然是错误的认识。但是众筹活动中，无论是众筹平台、项目发起者还是支持者，都要时刻警惕非法集资，随时审视自己的众筹行为是否构成非法集资罪行。

非法集资是一种比较严重的违法行为。非法集资具体包括两大罪名，一是非法吸收公众存款，二是集资诈骗罪。非法吸收公众存款的最大特点是：未经人民银行批准，擅自向不特定的社会公众吸收资金，承诺回报，最终造成经济损失。集资诈骗罪比非法集资的罪行更严重，最大的特点就是虚构资金的用途。

非法集资问题

☆ 非法集资问题的主要认定依据是《最高人民法院关于审理非法集资刑事案件具体应用法律若干问题的解释》。根据该司法解释，非法集资应当同时满足四个条件，即（一）未经有关部门依法批准或者借用合法经营的形式吸收资金；（二）通过媒体、推介会、传单、手机短信等途径向社会公开宣传；（三）承诺在一定期限内以货币、实物、股权等方式还本付息或者给付回报；（四）向社会公众即社会不特定对象吸收资金。

2.代持股权的风险

众筹在中国面临代持股权的风险。项目发起人采用凭证式和会籍式方式众筹融资，需要的支持者往往人数众多，少则百人多则上千人。人数上容易与《证券法》相违背，构成证券类违法。实际的众筹融资活动中，一些股权式融资平台的众筹项目为了融资吸收公众投资者为有限责任公司的股东，这与《公司法》有冲突。《公司法》第二十四条规定“有限责任公司由五十个以下股东出资设立”。所以，众筹项目只吸收50个以下的支持者成为有限责任公司的股东。所以该类众筹项目的支持者超过了50人，就面临违法行为。而中国众筹融资机制尚未成熟，支持者往往不会出资很高，如果支持者限制在50人以内，无法满足许多众筹项目的资金需求。如果众筹项目设置的众筹额度较高，就会遭遇众筹失败；如果设置的众筹额度较低，虽然众筹融资能够成功，但是，会面临项目无法完成的后果。

俗话说，上有政策，下有对策。于是，在众筹的实际活动中，很多众筹项目的发起人为了募集到足够的资金成立有限责任公司，往往会采取建议支持者通过代持股权的方式来越过《公司法》的股东人数法规。代持股票在形式上不违法，但是当显名股东（即记录在股东名册上的股东）与隐名股东之间发生利益分配的纠纷时，相关法规保护显名股东权益，而隐名股东的权益无法保障。可见，代持股权的方式，会侵害许多众筹项目的支持者的权益。它的后果就是会引发代持股权的法律纠纷。

3.证券违法

商品类众筹项目所有的流程都在众筹平台上完成，不需要到相关部门审核。但是股权类众筹项目在网上进行极易碰触法律红线。一旦众筹项目属于股权类的，而且在网上公开发行股权，就会被证监会“守株待兔”，轻者约谈，重者罚款判刑。所以，股权众筹项目的发起人，一定要熟悉相关的证券法。

《证券法》第十条第一款：“公开发行证券，必须符合法律、行政法规规定的条件，并依法报经国务院证券监督管理机构或者国务院授权的部门核准；未经依法核准，任何单位和个人不得公开发行证券。有下列行为之一的为公开发行：第一，向不特定对象发行证券的；第二，向特定对象发行证券累计超过两百人的；第三，法律、行政法规规定的其他发行行为。”

《证券法》第八十八条：“未经法定机关核准，擅自公开或者变相公开发行证券，责令停止发行，退还所募资金并加算银行同期存款利息，处以非法所募资金额百分之一以上百分之五以下的罚款。”

众所周知，众筹模式，就是向不特定的社会大众募集资金，而且人数往往会超过两百人。所以，股权类众筹项目就处在《证券法》的雷区，极易踩到地雷。而且近年来，中国证监会开始加大力度审查证券活动。中国的第一个股权众筹项目“美微出售原始股”，轰动一时，因不符合证券法规而夭折。

2013年年初，一种新型的融资方式出现在淘宝上，一家名为“美微会员卡在线直营店”的淘宝店铺，在淘宝上销售“美微传媒凭证登记式会员卡”。这家店的店主是美微传媒的创始人朱江，他此前担任过多家互联网公司的高管，具有最前沿的互联网思维。朱江在自己的淘宝店公开销售自己公司的原始股；任何人只要支付120元就可以获得100份股票，成为公司的股东。（2013年1月8日开始），美微传媒开始在淘宝上发售会员卡募集资金。

一月底，共有1 002人购买，这些人大多数是北上广深这些一线城市的网购者，总共募集了百万元资金。一时走红网络，引起社会各界的高度关注。

2013年1月30日上午，美微传媒的淘宝店被某媒体关注。该店在淘宝上的店名为“美微会员卡在线直营店”，产品是“美微传媒凭证登记式会员卡”，而开网店的公司叫作“美微传媒”。该公司简介称：该公司创立发起的目的是建立网络、电视、杂志跨媒体平台，公司的具体业务运用网络营销推广商业电视节目，通过手机、PAD等移动客户端快速、清晰地推送公司提供的节目。公司才通过发行原始股来融资，有两个需求，一是为了筹集节目运作的费用，二是为了获得更多的社会资源。该公司创始人朱江表示，从该网点购买会员卡就是购买公司的原始股。任何人只要花120元就可以拥有该公司的100股原始股，成为公司的股东。

美微传媒公开销售原始股，被业界质疑为非法集资，2013年2月5日，阿里巴巴对外宣称，淘宝平台不准公开募股，并在当天关闭了该淘宝店铺。

美微传媒公开销售原始股也引起了证监会的关注与审查。该公司负责人随后被证监会约谈。证监会通过证监会的相关法规，明确地指出：美微传媒在淘宝店出售会员卡募集资金，由于现阶段美微传媒属于“有限责任公司”不具备公开募股的主体条件，这种行为不符合证监会的法规。证监会并责令美微传媒向所有购买凭证的投资者全额退款。公司服从了证监会的决定，并积极落实退款事情，随后有序退还相关款项，由于淘宝店铺被关闭，该公司负责人，马上与淘宝协商，根据淘宝的交易记录，委托淘宝向用户返款。预计退款需要两三个月时间。

美微传媒在淘宝店初始原始股，是典型的众筹融资模式，而且属于股权众筹，采取了淘宝上买凭证与股权捆绑的方式。在中国，股权众筹缺乏相关的法律法规，容易逾越法律红线，国内几乎无人敢做。美微传媒此次公开出售原始股权，越过了证券法规红线，构成证券类违法行为，最后被证监会叫停，也说明淘宝上买凭证与股权捆绑的方式，不能帮助股权众筹避开法律雷区。

众筹模式颠覆了传统的融资模式，提高了企业、个人创业者的融资效率，但是，由于众筹模式是一个新事物，是一种崭新的经营模式，缺乏相应的法律法规保护。如果发起者与支持者都能互相配合，众筹项目顺利进行、能够完成，就没有太大的法律风险。一旦出现项目发起者诈骗，不能完成项目，就会引发支持者的投诉；一旦按照法律程序，众筹模式就经不起法律的严审，会被很多法律法规证明违法违规。

众筹，特别是股权众筹在中国现有的法律环境中，应严格遵守法律红线，以免走火入魔、玩火自焚。

玩众筹如何避开法律风险

如果按照现有的法律法规来审查众筹，众筹活动是不能进行的。从形式上来说，众筹平台的运作方式是通过互联网把众筹项目公开推送给社会大众，并承诺在规定的时间内给予回报（除了募捐制众筹）：比较普及的奖励制众筹平台，给予支持者的回报是实物；股权制众筹平台，给予支持者的回报是股权；借贷制众筹平台，给予支持者的回报是资金。但是，都是公开面对社会大众。众筹平台这种运营模式并没有明确的法律依据，并未获得法律的认可。如果严格地审查，众筹符合构成非法集资的要件。为此，众筹要光明正大地生存发展，就需要采取一些有效措施避开法律风险。

不同的众筹运营模式所采取的措施也各不相同。目前，主要的四种众筹运营模式募捐制众筹、奖励制众筹、借贷制众筹、股权制众筹，在实际的运作工程中，都需要采取一些措施来避开法律风险。

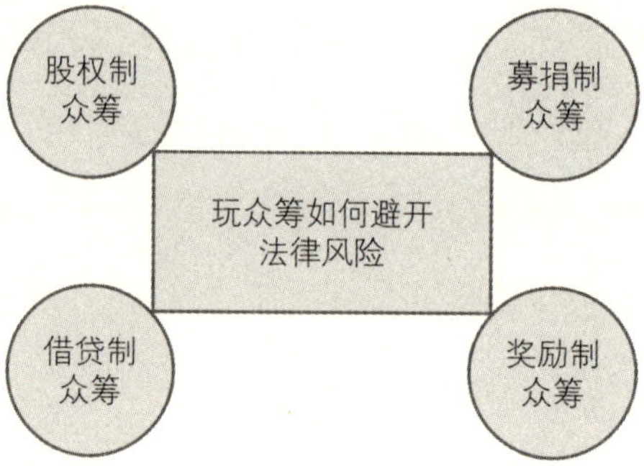

募捐制众筹规避法律风险的措施

募捐制众筹在发展中面临的法律风险最小，但也存在着项目发起人发布虚假公益信息的陷阱，平台方也会因此获得非法集资、诈骗的共犯罪名。所以募捐制平台运营方为了避免法律风险，需要采取四种措施。第一，募捐制平台运营方严格执行初审、复审的流程。第二，要求项目发起人提供详细的个人信息，对众筹项目做出严格约束。第三，深入实际地调查公益项目的真实性。第四，募捐制众筹平台，严格监管众筹资金，避免发起者挪为他用，确保公益类项目的资金专款专用。募捐制众筹依法并严格执行这些措施，就不会触碰到法律雷区，能够保证众筹项目的顺利发展。

奖励制众筹规避法律风险的措施

奖励制众筹是国内外运用最广泛的一种众筹运营模式，也是目前较为成熟的一种众筹运营模式。但是，奖励制众筹模式如果不按照相关规定运作，也会面临法律风险。如果平台运营方放松审核，就会让一些蓄谋已久的不法分子通过虚假的项目信息，骗取公众的存款，不仅会给支持者带来经济损失，更会给平台运营方带来巨大的法律风险。因此，奖励制众筹要采取一些有效的措施，来规避法律风险。第一，平台运营方要制定必要的规则，约束项目发起人，要求项目发起人提供详细的个人信息。第二，要求提供详细的项目信息，并且附有图片、文字、视频介绍，考察产品的可操作性、商业价值。第三，限制支持者的出资额度，并义务向支持者提示众筹的风险，避免盲目投资给其带来巨大损失。第四，奖励制众筹平台运营方全程监管众筹资金，并催促项目发起者拿到资金立即执行项目，保证按时兑现回报。第五，奖励制众筹平台不得向发起人提供担保责任。

奖励制众筹规范运作并实施这五种措施，便可规避法律红线，远离非法集资、集资诈骗罪，使众筹项目顺利实现众筹融资。

借贷制众筹规避法律风险的措施

借贷制众筹在发展的过程中遇到的法律风险很大，因此必须要熟悉相关的法律法规，按照现有的法律法规小心翼翼地运作，同时还要采取一些措施，规避非法集资。借贷制众筹需要采取三个措施来规避法律风险。第一，借贷制众筹平台不得建立资金池。借贷制众筹一般是P2P模式，即借贷制众筹平台将项目发起人的资金需求设计成理财产品在网上公开发售，使投资者的资金注入借贷制众筹平台的账户中，产生资金池，这冒犯了法律红线。第二，借贷制众筹平台，限制投资者的投资额度，并明确告知投资者存在的风险，避免项目失败，造成过多的投诉。第三，严审借款人的个人资格、项目信息的真实性，有效遏制借款人的非法集资犯罪行为。第四，借贷制众筹平台不能为本身募集资金。第五，借贷制众筹不得以平台的名义允诺回报。依法运作，并做到这五个措施，借贷制众筹便可排除发展路上的法律雷区，获得一帆风顺的成长。

股权制众规避法律风险的措施

股权制众筹在发展的过程中面临巨大的法律风险，发展之路坎坷不平，如今国外出台了相关的法律，股权制度在国外拥有了比较宽松的法律环境。但是，国内的相关法律出台很晚（2014年12月18日，关于股权众筹的第一个法规终于落地，即《私募股权众筹融资管理办法（试行）（征求意见稿）》），股权众筹法规尚未出台之前，股权制众筹在中国的发展步履维艰，在夹缝中寻求生存的空间，发展压力巨大。股权众筹可以创新运作模式，但是绝不能踩法律雷区。

股权制众筹线上+线下的两阶段模式

☆ 股权制众筹平台首先展示项目的股权转让与融资金额信息，吸引感兴趣的投资者。在意向投资人和意向投资金额达到预期后，所有的工作业务都转入线下，意向投资人严格按照《公司法》等法律法规进行股权投资操作。

股权制众筹需要采取必要的措施，才有可能合法生存。第一，股权制众筹需要采取线上+线下的两阶段模式对其中的法律进行规范。第二，股权制众筹平台有义务严格审查融资方的个人信息，确保融资方的信息真实，符合平台规定的融资方资格。第三，股权制众筹平台绝不能发布虚假的项目和风险很高的项目。第四，股权制众筹平台、融资方绝不能采用广告、公开劝诱和变相公开方式发行股票。第五，融资方必须对非特定对象发行股份，且投资者的人数绝不能超过200人。第六，股权制众筹平台绝不能为本身公开募股。第七，股权制众筹平台，采用领头人+跟投人机制，来使天使投资人的数量符合法律规定。领头人只能是一个人，并具有较高的要求，比如经验丰富、信誉高等，跟投人不能超过49人。

业内人士呼吁股权众筹法规出台，富有洞察力的人士预言股权制众筹的法律“红线”解禁在即。终于，股权众筹法规，在众人的期待中铿锵有力地落地了，2014年12月18日，是股权众筹的一个转折点，股权众筹法规《私募股权众筹融资管理办法（试行）（征求意见稿）》诞生了，简称《管理办法》。该法规是股权众筹史上的一个里程碑。《管理办法》对股权众筹平台、融资者和投资者都给出了明确规定。针对众筹平台，规定了两个重要的准入条件。第一，股权众筹平台净资产不得低于500万元人民币。第二，高级管理人员要具备具不低于3年以上金融或者信息技术行业从业经历，人数最少2人。还规定了股权众筹的职责和禁止行为。针对融资者，《管理办法》规定融资者必须是实名注册用户，融资企业股东累计不超过200位。针对投资者，《管理办法》进行了资金限制，最醒目的一条是投资者单个项目的投资额度不低于100万元人民币。此外，《管理办法》还对股权众筹的备案登记、信息报送、自律管理等做出了规定。《管理办法》对股权众筹的影响力巨大，业内人士普遍表示，它极大地抬高了股权众筹的准入门槛，普通投资者无法收益，利好券商。但是，毫无疑问它拓展了股权众筹的发展空间。

众筹最早在国外兴起，由于国内外的法律制度迥然不同，在中国，众筹不能完全复制国外的模式，如果原封不动地照搬过来，就会踩到法律雷区，招来意想不到的祸患。所以，在中国，平台运营方、创业者、投资者想采用众筹模式，就必须警惕法律风险，并采取相应的措施规避法律风险，才有可能躲开法律红线。

第八章
众筹的未来在哪里

最近两年众筹得到了蓬勃发展，众筹平台不断涌现出来，众筹形式多种多样。众筹提高了企业的融资效率，促进了经济的健康发展，为创业者撑起了一片蓝天，让许多有梦想的人实现了自己的创业梦想。众筹模式得到了大众关注、国家鼓励，众筹实现了小钱办大事，众筹让人人成为天使投资家。众筹会遇到挑战，但是我们可以确认一点，众筹的未来之路将会越来越开阔。

众筹的机遇

众筹事业在中国拥有得天独厚的基础，中国有五六亿的网络用户，足以为众筹事业撑起一片蓝天，可见众筹在中国拥有无限的机遇。但是，中国的互联网众筹起步较晚，众筹的相关法律法规并不完善，这使许多创业者对众筹心存畏惧。此外，众筹归根到底是一种金融行为，极易碰触法律红线，被扣上非法集资的帽子，可见众筹也面临巨大挑战，创业者采用众筹模式，不可掉以轻心。众筹成功项目的数据表明，众筹的发展速度减慢，众筹平台的资金增长难以突破，大项目的数量越来越少，成功概率也较低。可见，众筹发展不容盲目乐观。但是，2014年第四季度，国家领导多次强调众筹、鼓励众筹模式，预示了众筹的发展存在无限机遇。

中国的金融业遭遇互联网浪潮的冲击，其弊端日益显示出来。中国金融市场较为封闭、办事效率低下、程序冗繁复杂，融资过程漫长，无法满足经济发展的需求，中国经济的主力军中小企业却很难享受到金融服务，从而阻碍了社会生产力的发展。中国经济迫切需要开放、活跃、高效的金融市场，中国金融模式创新势在必行。金融与互联网联姻诞生的互联网众筹创新了金融模式，让金融融资服务变得更加开放、民主、高效、活跃。互联网的发展催生了一批中小企业和创业者，中小企业和创业者对资金的需求越来越大，传统的金融体系已无法满足，这给众筹的发展带来了无限机遇。

众筹在中国有天然的发展优势，众筹融资的支持者数量庞大，一旦众筹发展成熟，将会打造出越来越多的规模巨大的众筹项目。据世界银行《发展中国家众筹发展潜力报告》称，预计2025年，发展中国家众筹产业将达960亿美元，其中中国就会拥有500亿美元。中国传统金融不能与时俱进地服务越来越多的中小企业和创业者，使得众筹融资的业务需求巨大，将会深受欢迎。

中国的众筹业务从2011年上线以来，众筹平台如雨后春笋般涌出，影响力较大的有点名时间、众筹网、追梦网、淘梦网、乐童音乐、尝鲜众筹网、天使汇、原始会、创投圈、大家投、天使客、京东金融等。他们都在各自的领域取得了显著成绩。

股权众筹的佼佼者天使汇2014年的优秀业绩，也给中国整个众筹事业的发展带来了希望和信心。

2014年1—9月中旬，天使汇平台挂牌项目总融资高达7.69亿，其中天使轮项目业绩尤为突出。据统计，50起天使轮项目融资总金额突破10 887万元，平均单个项目融资金额为222.18万元，超过半数的项目融资金额在300万~500万元之间。其中，300万~500万元的获投超大项目数量为25个，占到总体的51%；100万~300万元（不含）的获投项目数量有17个，占到总体的35%；100万元以下的获投项目数量为7个，占到总体的14%。

此外，在众筹发展较早的国外，已经显示出了巨大机遇。

根据Massolution数据显示，全球众筹融资产业的规模不断扩大。2009年，众筹融资产业总值达36.1亿元人民币；2012年，众筹融资产业总值达173亿元人民币。可见，其增长幅度高达380%左右，而亚洲的众筹融资仅占了1.2%。

此数据说明，亚洲的众筹还有巨大的发展空间。无独有偶，《福布斯》也研究过互联网众筹的机遇。

《福布斯》有一组数据，截止到2013年第二季度。该数据显示，全球范围内的众筹融资网站已经高达1500多家。众筹利用了以公众为基础的决策和创新优势，把资金用于项目或商业投资。利用社交网络及互联网的病毒式广泛传播特性，在过去的5年间，个人及公司以债券、股票和捐献的方式为各项目筹集了数十亿美元的资金。全球影响力最大的Kickstarter，于2009年成立以来，已经为5万个项目众筹到了8.15亿美元，获得了490万名的支持者。近1/3的支持者，支持过的项目在一个以上。

可见，支持者对众筹产业很认可，并能付出实际行动来支持。全球较权威的艾瑞统计，也研究过众筹产业的机遇和发展空间。

艾瑞统计预测模型核算，预计在2016年全球众筹交易额能达到1 989.6亿元。

以上所有的数据，无不说明众筹产业拥有巨大的发展空间。众筹的全球性机遇，让中国众筹也充满了信心。

众筹的挑战

众筹无论在国外还是在国内，经过两三年的迅速发展，都遇到了发展瓶颈。中国追梦网的一组数据说明中国的众筹在发展中困难重重。追梦网研究支持者人数变化、众筹目标金额等指标，给我们展现了众筹的发展现状。

截至2013年9月底，追梦网上总获得7 374名支持者参与众筹项目，平均每月有323名支持者。其中2013年4月获得了1 958位支持者，2013年6月获得了1 054位支持者，为历史最高点，此后支持者的人数有所下降。

追梦网目标金额的分布数据：追梦网上的项目都要设置一个目标金额，这个目标金额基本上可以反映项目的规模。如果把众筹的目标金额划分为四个级别：一级为1 000以下，二级为1 000元至9 999元，三级为10 000元至99 999元，四级为100 000元以上。追梦网上的成功项目60%的目标金额为二级规模，即以千元项目为主。

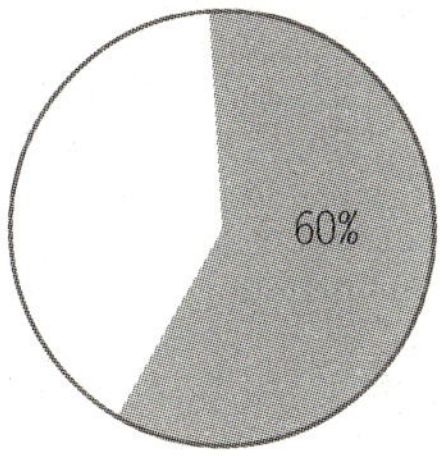

（注：灰色的部分众筹目标金额为1 000元至9 999元。）

追梦网的研究数据，让我们看到了众筹发展过程中遇到的问题。无独有偶，全球最有影响力的众筹平台Kickstarter的最新数据也显示它在发展中遇到了巨大挑战。今年10月份左右，调研机构ICO Partners发布了一份有关Kickstarter平台2014年上半年的众筹项目报告。

2013年，Kickstarter众筹平台一半以上的资金是规模大的项目促成的。2014年上半年，Kickstarter众筹平台上，大项目众筹到的资金仅仅占到了平台总众筹资金的1/4。据ICO Partners透露，众筹项目成功率2013年为24%，而今年仅为20%；大项目的数量也明显下降，2013年，50万美元以上的成功众筹项目高达21个，2014年上半年仅有3个，而且这3个都不是知名的项目。

Kickstarter的大项目贡献的资金比例、项目成功率、大项目的个数等数据大幅降低，反映了Kickstarter的发展状况并不乐观，筹集资金持续乏力。中国众筹在发展过程中也遭遇困境。

追梦网遇到了支持人数不增反减，项目规模难以突破的发展瓶颈。就连全球影响力最大的综合性众筹平台Kickstarter的项目规模也一直徘徊在百万美元附近，千万美元的众筹项目屈指可数。可见，众筹的发展面临巨大挑战。

众筹在中国深受中小企业及创业者的欢迎，给民间资金提供了一个释放的途径，可以让大众手中沉睡的闲钱苏醒、产生价值。众筹在个人存款较高的中国，具有巨大的发展空间。中国拥有众筹发展的两个重要因素：人多，而且人们有“闲钱”。众筹在中国不仅有发展机遇，而且还是巨大的发展机遇。然而，平台运营方、发起者也不容盲目乐观，众筹在中国的道路仍然任重而道远。中国的众筹事业需要平台运营方加大力度宣传众筹的知识、不断建设众筹的信用体系、打造众筹的信任基础；项目发起者精心准备项目，珍惜众筹机会，确保众筹融资成功，认真完成项目的后续工作，百分百地兑现回报，为自己的信用不断加分。众筹有了赖以生存的信任基础，才能激发大众的支持热情，才能让大众深入了解众筹，积极加入众筹创业的浪潮之中，奉献自己的力量，共筑“众人拾柴火焰高”的众筹事业。

国外众筹的发展现状

国外众筹经过五六年摸爬滚打，既有可喜的成绩，又有令人担忧的问题。众筹平台遍地开花，众筹项目琳琅满目，令资助者目不暇接。众筹为中小企业的发展做出了很大贡献，成为一种新的商业模式，获得了企业家的喜爱、政府的关注。与此同时，众筹规模的不断扩大，受到了监管部门审查，也暴露出来很多问题，特别是股权类众筹的发展现状备受关注。

股权类众筹平台在全球金融危机中大显身手，拯救了很多濒临破产的中小企业。企业家都对2008年全球金融风暴记忆犹新，该次金融风暴范围广、来势迅猛，全球经济都受到致命的打击。欧美银行不敢放贷，让欧美中小企业的融资雪上加霜，欧美中小企业都非常绝望。就在这样的经济形势下，股权众筹破土而出，它以高效率的融资速度、低门槛，解决了中小企业资金匮乏的问题，实现了众筹的商业价值，迅速成长为一种崭新的商业模式。一时众筹平台如雨后春笋般出现，欧洲具有典型性的有英国的Crowdcube。

英国的Crowdcube是全世界第一家股权众筹平台，获得了快速发展，三年多时间内成功运作了131个项目，筹集金额突破了3 000万英镑，成为国外影响力很大的股权众筹平台之一，被许多众筹平台视为楷模。

股权众筹平台Crowdcube，2011年2月正式开始运作项目，主要业务是为创业者筹集资金。Crowdcube公布了2011年2月至2014年7月10日的成绩，共得到了8万多投资者，共众筹到3 000万英镑，131个项目成功获得了众筹资金。这一成绩极大地鼓舞了创业者、投资者。

股权众筹平台Crowdcube有一套高效融资流程。第一步，项目发起者提出融资申请。发起者需要细致描述项目，还要制定融资计划书，重点介绍目标融资金额、融资时间、拟转让的股权比例、股权类型。第二步，Crowdcube进行严格审核，经审核真实可信，项目便可上线。第三步，投资者浏览项目，选择投资项目。投资者如果对所选择的项目需要了解更多信息，可以利用Crowdcube的交流空间、Facebook、Twitter等社交网络，与融资者零距离交流，选择最佳投资项目。第四步，投资者选择投资额度。Crowdcube规定最低投资额度为10英镑，多者不限。第五步，融资成功，在募集期结束，Crowdcube与其合作律师事务所要求发起人完善公司章程等法律文件，获得投资者确认后，借助第三方支付平台把众筹到的资金打入发起者账户，投资者收到股权证明后，融资结束。最后，Crowdcube

向融资成功的发起者收取咨询管理费和融资手续费，分别为500英镑、5%的融资总金额。

英国众筹平台Crowdcube这个流程，极大地提高了创业者的融资效率，受到了创业者的喜爱。

众筹能促进欧洲经济振兴、促进小企业发展，特别是股权众筹、借贷众筹能为投资者与企业快速牵线搭桥，成为欧洲中小企业解决融资困难的重要渠道。欧盟各国的众筹活动朝着多样化、规模化方向发展，金融和投资的众筹服务是监管者的关注焦点，由于各国的众筹需求不同，欧盟很难制定监管标准。欧盟对众筹市场设置标准的监管，要做好长期奋战的准备。

由于众筹能促进欧洲经济振兴、促进小企业发展，于是欧盟将众筹纳入“2020战略”，把众筹当作促进欧洲企业发展的最新、最重要的办法，为了实现欧盟2020年的经济发展战略目标，欧盟把大力推广和发展众筹平台视为核心任务。在此战略的推动下，众筹活动在欧盟各国中得到了蓬勃发展。在欧盟的统一市场中，欧盟成员国之间合作越来越密切、跨境业务越来越频繁，众筹在欧盟市场中规模不断扩大是大势所趋，于是，欧盟对众筹市场建立标准化的监管迫在眉睫。

国内众筹的发展趋势

中国众筹经历了3年多的发展，发展势头很火，成功地运作了许多众筹项目，融资规模有了突破。众筹受到了很多企业、创业人士的欢迎，帮助企业、创业人士解决了项目的启动资金，让他们获得参与创业的体验，众筹成了时代的新宠，获得了蓬勃发展。

众筹项目的未来发展趋势越来越被业内人士所关注。众筹在快速发展的过程中，也遇到了一些问题，项目的融资金额普遍低、项目缺乏创新。众筹项目要想获得更多支持者的投票，只有不断创新。众筹要发展，离不开项目创新。发起者要想获得更多的资金，就需要想方设法地来创新项目，给支持者创造极致的产品、超值的产品。

国内众筹网，在发展的过程中遇到一个棘手问题，就是缺少创新项目，而国外的很多众筹平台上项目创新度高，融资金额高的往往就是这些创新项目，融资规模都达到了百万。而众筹网大多数众筹项目低于百万，达到百万的屈指可数。众筹网也分析了原因，主要是项目缺乏创新。

众筹平台，想提高项目的融资规模，就要鼓励发起者努力创新项目。创新是众筹项目未来发展的趋势。

中国最有影响力的众筹平台众筹网一年可以众筹到2 800万元资金，可以召集到86 149位支持者，可以运作1 225个众筹项目，这个成绩是很耀眼的，得到了很多投资者、创业者对众筹模式的肯定。业内人士对中国众筹充满了信心，并总结出了中国众筹的四大发展趋势。

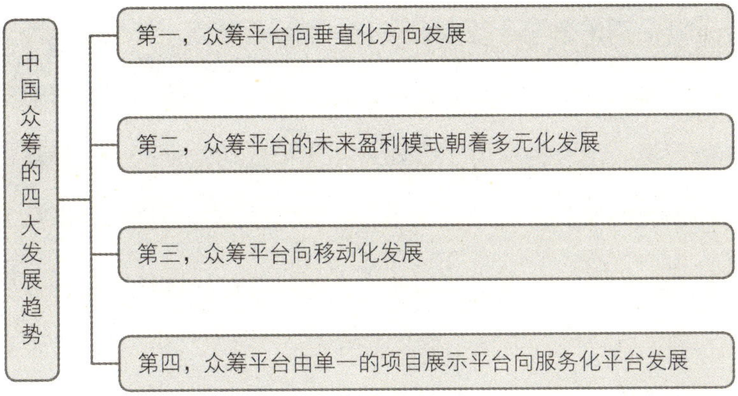

第一，众筹平台向垂直化方向发展。众筹平台在发展初期，基本上是综合类型的，既运作艺术类项目，又运作科技类项目。随着项目的增加，综合性众筹平台分身乏术，不能为所有的项目提供贴心的服务。为了给项目提供更专业的指导，促进项目的众筹融资成功，众筹平台向垂直专业化发展迫在眉睫。

哪个行业的利润丰厚，竞争对手就会进入哪里，而且会吸引竞争力超强的对手。众筹平台辛辛苦苦建立起来的众筹行业，迟早会面临更多的竞争对手，众筹平台想在众筹行业获得更好的发展、获得更强的竞争力，需要做得更专业，不断提高众筹行业的门槛，及早把竞争对手挡在门外。如果你不能把门槛提高，迟早会被强大的竞争对手夺走饭碗。例如，团购发展的过程中，强大的BAT（超一流规模的互联网公司）一直在观望，当团购的商业模式成熟、利润显现出来的时候，BAT企业立即加入到团购的行业中，成了团购行业的最后获利者。

众所周知，众筹是一块甜美的蛋糕，一旦众筹的利润增加，巨头企业就会进来争夺，就会对整个众筹行业整顿，做综合性的众筹平台。现在的任何一个众筹平台，都无法与之抗衡，就无法避免被收购的命运。现在的众筹平台如果不想被收购，就需要提早谋划，现在就要做好准备，想办法提高自己的竞争力，想办法提高众筹行业的门槛。为此，众筹平台需要朝着垂直化、纵深化的方向发展，需要在某个领域深耕细作、做专做精。

众筹网看到了中国众筹的这一发展趋势，开始向垂直化、纵深化的方向发展，在艺术、影视、文化、科技、游戏、硬件等众多领域中，选择了艺术领域，来深耕细作，不断提高门槛。众筹网在艺术众筹领域，就已经开始建立门槛，众筹网运作的艺术类众筹项目

《爱上邓丽君》大型舞台剧十分成功，是其他众筹平台无法复制的。再如中国最早的众筹平台点名时间，也向纵深化发展，专攻硬件领域，获得了巨大成就。

第二，众筹平台的未来盈利模式朝着多元化发展。中国的众筹发展较晚，最初的一些众筹平台盈利模式是收取佣金。随着互联网免费政策的不断推广，互联网众筹也受到了影响，大多数众筹平台取消了佣金。众筹平台为了生存开始寻找更多的盈利渠道，通过向项目发起人提供资源来获利、提供一站式服务来收取服务费、通过投资平台上的优质项目获利，还可以做广告业务来增加收入。

第三，众筹平台向移动化发展。随着移动互联网的不断发展，智能手机的不断普及，PC端的用户成群结队地转移到了移动端。对于商业来说，没有人就没有商机，有人便有商机。PC端的用户大转移，令长期垄断PC端的企业惊慌失措，新生的众筹事业，也感到了危机四伏。对于互联网众筹平台来说，没有用户，再好的项目也筹集不到资金。用户在手机上浏览众筹项目，那些好的项目就会得到更多的用户支持。手机上可以浏览众筹项目，方便了用户参与众筹活动，用户看好项目，就会在分秒之内完成“投票”。试想每天对着电脑工作了一天的用户，谁还会回到家去用电脑上网。移动端的众筹平台，可以让用户随时随地浏览项目，获得的支持者将会更多。中国著名众筹平台众筹网洞察到了这一发展趋势，开始布局自己的移动端。业内人士预测，再过约两年时间，众筹平台的移动化会达到一半。众筹平台移动化，将会让众筹平台获得更多用户，从而吸引到更好的众筹项目、更有潜质的投资者。

第四，众筹平台由单一的项目展示平台向服务化平台发展。众筹才刚刚起步，很多地方仍然需要探索。众所周知，众筹平台上很多项目众筹融资失败了，即使众筹融资成功项目的创业者，有的并未创业成功。众筹平台上的发起者大多是初次创业者，他们不仅仅需要融资，还需要更多的创业服务。众筹平台是创业者的天堂，有义务为创业者提供更好、更专业的创业服务，众筹平台如果能为创业者提供一站式的创业服务，无疑能提高创业者的成功概率。所以，众筹平台不能满足于只做一个项目展示平台，而应该去为创业者做一体化服务平台。国内的众筹平台看到了这一发展趋势，已经推出众筹大学，来为创业者提供更好的指导、服务。

众筹平台要想获得更好的发展，就要把握中国众筹发展的趋势，从而避免走弯路，才能越走越远。